Freizeitvergnügen Sternenhimmel
mit bloßem Auge

Der Mathematiker und theoretische Physiker Dr. Paul Kirchberger (1876 - 1945) zeichnete sich durch seine Erfahrung in der Informationsvermittlung als Professor an der Leibniz-Oberrealschule zu Charlottenburg aus. Er veröffentlichte zahlreiche gemeinverständliche Werke aus den Bereichen Mathematik, Astronomie und Physik einschließlich der Quantentheorie. Dabei stand er nicht nur in Verbindung mit renommierten Wissenschaftlern wie Arnold Sommerfeld, Moritz Schlick, Max von Laue oder David Hilbert, sondern war mit einigen von ihnen befreundet. Das garantierte seinen Veröffentlichungen Authentizität und wissenschaftliche Zuverlässigkeit.

Der Naturwissenschaftler Dipl.-Math. Klaus-Dieter Sedlacek, Jahrgang 1948, lebt seit seiner Kindheit in Süddeutschland. Er studierte neben Mathematik und Informatik auch Physik. Nach dem Studienabschluss 1975 und einigen Jahren Berufspraxis gründete er eine eigene Firma, die sich mit der Entwicklung von Anwendungssoftware beschäftigte. Diese führte er mehr als fünfundzwanzig Jahre lang. In seiner zweiten Lebenshälfte widmet er sich nun seinem privaten Forschungsvorhaben. Er hat sich die Aufgabe gestellt, die Physik von Information, Bedeutung und Bewusstsein näher zu erforschen und einem breiteren Publikum zugänglich zu machen. Im Jahr 2008 veröffentlichte er ein aufsehenerregendes und allgemein verständliches Sachbuch mit dem Titel „Unsterbliches Bewusstsein – Raumzeit-Phänomene, Beweise und Visionen". Er ist unter anderem der Herausgeber der Reihen „Wissenschaftliche Bibliothek" und „Wissenschaft gemeinverständlich".

Professor Dr. Paul Kirchberger

Klaus-Dieter Sedlacek (Hrsg.)

Freizeitvergnügen Sternenhimmel mit bloßem Auge

Wie man Sternbilder auffindet
ohne Instrumente

Vom Herausgeber neu bearbeitet

Toppbook Ratgeber Natur und Wissen Bd. 1

Bibliografische Information Der Deutschen Bibliothek:
Die Deutsche Bibliothek verzeichnet diese Publikation in der
Deutschen Nationalbibliografie; detaillierte
bibliografische Daten sind im Internet über
http://dnb.ddb.de
abrufbar.

Neubearbeitung
Coverdesign, Gestaltung, Überarbeitung:
Klaus-Dieter Sedlacek
Internet: https://toppbook.de

Herstellung und Verlag:
BoD – Books on Demand, Norderstedt
ISBN 978-3-7412-5252-5

Soweit Textteile der Gemeinfreiheit unterliegen,
werden für diese **keine** Immaterialgüterrechte wie Copyright geltend gemacht.

Inhaltsverzeichnis

1 DER FIXSTERNHIMMEL 7
    1.1 Vorbemerkungen 7
    1.2 Großer Bär und andere „Hauptrichtsternbilder" 9
    1.3 Perseus und Andromeda 14
    1.4 Stier und Fuhrmann 19
    1.5 Der schönste Teil des Sternenhimmels 21
    1.6 Der Löwe 25
    1.7 Bootes und die Jungfrau 26
    1.8 Waage und Skorpion 28
    1.9 Krone und Herkules 29
    1.10 Schwan, Leyer und Adler 30
    1.11 Milchstraße 32
    1.12 Die tägliche Drehung des Sternhimmels 33

2 DIE WANDELSTERNE 37
    2.1 Der Mond 37
    2.2 Die Sonne 40
    2.3 Die Planeten 44
        2.3.1 Äußere Planeten: Saturn, Jupiter, Mars 46
        2.3.2 Innere Planeten: Venus und Merkur 48

Foto 1: Ausschnitt aus einer Karte des Sternenhimmels von 1699

1 Der Fixsternhimmel

1.1 Vorbemerkungen

Diese kleine Schrift will sozusagen mit dem Auge gelesen werden, während das andere auf den Himmel gerichtet ist. Es hat keinen weiteren Ehrgeiz als den, ein treuer Führer durch die Himmelswanderung zu sein.

Der Anblick des ausgestirnten Himmels ist der größte, den uns die Natur zu bieten vermag, und kein empfängliches Gemüt kann sich seinem Eindruck entziehen. Aber dieser Eindruck verringert sich nicht etwa, sondern er verstärkt, vertieft und veredelt sich, wenn wir nicht nur seine Schönheit genießen, sondern sie auch mit Verständnis verfolgen können, wenn wir die Bilder, die das Menschengeschlecht Jahrtausende lang in den Sternhimmel hineingesehen hat, wiederzuerkennen vermögen, wenn wir die Sternlein oben mit ihrem Namen benennen rund als liebe alte Bekannte begrüßen, auch die Wanderung von Sonne und Mond sowie der übrigen Wandler verfolgen können. Die Schwierigkeiten, die einer solchen Kenntnis des Sternhimmels entgegenstehen, werden bei Weitem überschätzt. Es macht sehr viel weniger Mühe, sich ein klein wenig in den Sternhimmel hineinzulesen, als etwa die hauptsächlichsten Pflanzen unserer heimischen Flora zu kennen, was doch gemeinhin auch noch nicht als Zauberkunststück gilt. Man tut nur gut, sich von vornherein einige Regeln zu merken.

Die erste und wichtigste dieser Regeln ist die, dass man um einen Stern zu bestimmen, ihn von anderen unterscheidet, indem man weder seine Lage zu irdischen Gegenständen ins Auge fasst, noch mit Fingern auf ihn weist, wenn mehrere Personen den Sternhimmel betrachten. Denn seine Lage gegenüber irdischen Gegenständen ändert sich von Minute zu Minute. Die einzige sinnvolle Möglichkeit ist vielmehr, ihn mit anderen, als bekannt angenommenen Sternen zu vergleichen, also etwa festzulegen, wie weit rechts oder links oder über oder unter ihnen er steht. Noch besser ist's freilich, wenn wir nicht von „rechts" oder „links" oder „über" oder „unter" sprechen, sondern auch wieder die Richtung nach andern als bekannt angenommenen Sternen zu bestimmen suchen, wobei auch die Größe der Entfernung am besten durch himmlische, nicht durch irdische Vergleiche gemessen wird. Um diesen Vorschriften gerecht werden zu können, müssen wir die Sterne in Gruppen zusammenfassen. Wie wir dies machen, ist an und für sich ganz gleichgültig, der unbefangene Anblick des Sternhimmels bietet uns dafür nur wenig Anhaltspunkte. Nur wenige Gruppen, wie etwa die Sterne des großen Bären, des Orion, der Cassiopeia, drängen sich uns als zusammengehörig sozusagen von selbst auf.

Aber da hat der Mensch nachgeholfen, indem er, und zwar schon seit Jahrtausenden, bestimmte Bilder in den Sternhimmel hineingesehen hat. Es wäre nun wieder ein völliges Missverständnis, wenn man irgendeine Ähnlichkeit der Sterngruppen und der durch ihre Namen bezeichneten Gegenstände suchen wollte. Man könnte die Sterne des Großen Bären gerade so gut einen Löwen, die des Löwen gerade so gut einen Bären nennen, und noch weniger ist es natürlich möglich, in Bildern wie „Herkules", „Orion", „Andromeda", „Cassiopeia" eine Ähnlichkeit mit den dargestellten Personen zu erkennen. Warum man gerade auf diese Bilder und ihre Namen gekommen ist, ist nicht festzustellen. Genug, dass diese Bilder seit Jahrtausenden vollkommen festgelegt sind und ihren Weg in ungezählte Völker gefunden haben. Zwar stammen die von uns noch heute gebrauchten Sternbildernamen in der Hauptsache von den alten Griechen, sie sind also etwa 3000 Jahre alt, aber einerseits haben die Griechen manche Bilder von älteren Völkern übernommen, andererseits haben die lange nach den Griechen arbeitenden Araber dem griechischen Sternhimmel die Namen vieler Einzelsterne hinzugefügt, sodass sie noch heute in arabischer Sprache benannt werden und allgemein bekannt sind. Diese Bilder wurden so gezeichnet, dass bestimmte Sterne des Himmels bestimmte Teile des Bildes festlegten, beispielsweise fielen Auge und Hörner des Stiers auf bestimmte Sterne des Himmels, ebenso der Gürtel und die Keule des Orion oder die von der als Schnitterin gedachten Jungfrau in der Hand gehaltenen Ähre, und in vielen Fällen führen die Sterne danach ihren Namen; die große Zahl der übrigen Sterne wurde dann wieder durch die Stelle des Bildes festgelegt, auf die sie fielen. So bestimmten einerseits die Sterne das Bild, andererseits das Bild die Sterne. Wenn diese Art, einen Stern festzulegen auch ihre wissenschaftliche Bedeutung verloren hat, so wird doch der Sternfreund noch gern von davon Gebrauch machen; er wird lieber von einem „Horn des Stiers" sprechen, als einen nüchternen wissenschaftlichen Namen gebrauchen, und wir werden diesem Brauch hier folgen.

Äußerst wichtig ist natürlich die verschiedene Helligkeit der Sterne, die man herkömmlicherweise als ihre „Größe" bezeichnet. Die hellsten Sterne heißen solche „erster Größe", die dann folgenden „zweiter Größe", usw. Die schwächsten der mit bloßem Auge sichtbaren Sterne sind solche 6. Größe. Diese auch von den Griechen stammende Einteilung hat sich so vortrefflich bewährt, dass sie beibehalten worden ist. Wir werden sie am besten unmittelbar aus der Praxis kennenlernen, indem wir bei genügend zahlreichen Sternen uns ihre Größe merken. Nach der Einführung des Fernrohrs und insbesondere der Lichtbildplatte in die Himmelskunde hat sich die Zahl der bekannten Sterne ungeheuer vermehrt. (Es wird nicht unmittelbar durchs Fernrohr beobachtet, sondern es werden durchs Fernrohr Lichtbilder aufgenommen, und zwar mit sehr langer Belichtungszeit, die sich u. U. durch ganze Nächte, ja, mehrere Nächte hindurch erstreckt.) Indem nun die Größenklasseneinteilung fortgesetzt wurde, ist man bis auf Sternen etwa der 21. Größe gekommen. Die Zahl der mit bloßem Auge sichtbaren Sterne, also der ersten 6 Größenklassen, beträgt etwa 5 bis 6000, von denen bei uns im ganzen, (nicht gleichzeitig) etwa 4000 sichtbar sind; die Zahl der Sterne bis 10. Größe etwa 400.000, bis 16. Größe etwa 57 Millionen, die letzten Größenklassen können nicht unmittelbar durchs Fernrohr gesehen werden, sondern verraten ihre Existenz nur auf der Lichtbildplatte. Wir werden im Folgenden hauptsächlich Sterne der ersten drei Größenklassen berücksichtigen, nur hin und wieder auch solche 4. oder 5. Größe.

1.2 Großer Bär und andere „Hauptrichtsternbilder"

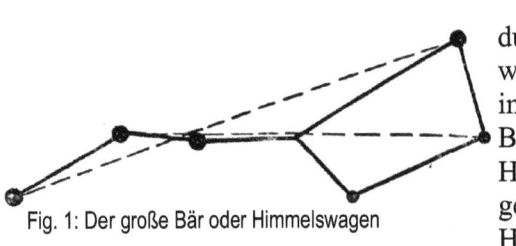

Fig. 1: Der große Bär oder Himmelswagen

Eine Wanderung durch den Sternhimmel werden wir zweckmäßig immer mit dem großen Bären oder dem Himmelswagen, genauer gesagt, dem Himmelswagen im

Sternbild des großen Bären beginnen. Denn dieses Sternbild ist nicht nur außerordentlich leicht zu erkennen und wohl bei Weitem das bekannteste von allen, sondern es hat außerdem auch den Vorzug, zu allen Jahreszeiten immer sichtbar zu sein, sodass wir es bei sternklarem Himmel ohne Mühe auffinden werden. Wir prägen uns seine Form möglichst genau ein. Da die arabischen Namen der 7 den Wagen bildenden Sterne wenig gebräuchlich sind, nennen wir sie die „Deichsel-Sterne" (in Fig. 1 links gezeichnet), die ihnen nächstgelegenen zwei Sterne die „Vorderräder" und die beiden andern die „Hinterräder" des Wagens. Wir versuchen eine zeichnerische Wiedergabe, die leicht gelingen wird, wenn wir dabei beachten, dass das „untere Hinterrad", das „obere Vorderrad" und der erste und zweite Deichselstern nahezu, aber nicht genau eine gerade Linie bilden. Dasselbe gilt vom „oberen Hinterrad" und dem ersten und dritten „Deichselstern". Besondere Aufmerksamkeit verdient der mittlere Deichselstern. In der unmittelbaren Nachbarschaft des Sterns, etwa in der Verlängerung der ersten der eben erwähnten graden Linien, entdeckten gute Augen leicht ein schwaches Sternlein, das früher als eine Art Augenprüfer galt, da nur gute Augen es sehen werden. Es ist an sich nicht so lichtschwach, erscheint aber wegen der unmittelbaren Nähe des so viel helleren Sterns schwächer, als es ist. Die Alten fassten diese beiden Sterne unter dem Bild eines Rosses und seines Reiters auf. Die heutige Himmelskunde hat festgestellt, dass jeder dieser beiden Sterne selbst wieder aus mehreren Sternen besteht, die aber mit bloßem Auge nicht unterschieden werden können.

Sodann beachten wir die verschiedene Helligkeit der 7 Sterne des Wagens, wobei uns sofort auffällt, dass das obere Vorderrad der bei Weitem schwächste der 7 Sterne ist. Dieser Stern ist 4. Größe, während die übrigen 2. Größe sind. Aber auch diese sechs sind nicht genau gleich hell, die Deichselsterne sind etwas heller als die andern drei. Seine tiefste Stellung nimmt der große Bär in den Abendstunden im Spätherbst ein. Er bewegt sich rückwärts, also mit den Hinterrädern des Wagens voran. Im Winter sieht man ihn aufgerichtet, sodass die Deichsel grade nach unten steigt und nun steigt er, immer Beobachtung in den Abendstunden vorausgesetzt, im Frühjahr immer höher empor, während er dann im Sommer und Herbst wieder heruntergeigt.

Die Namen „Bär" und „Wagen" sind beide schon im Homer erwähnt, sind aber aller Wahrscheinlichkeit nach noch viel älter. Welches Volk sie zuerst aufgebracht hat, ist kaum festzustellen. Der Bär wurde dann als Bärin gedeutet. Für uns hat der große Bär vor allem die Bedeutung, dass wir von ihm aus leicht den Weg zu anderen wichtigen Sternbildern finden werden, sodass er uns eine Art Führer durch den ganzen Sternhimmel werden kann. Verbinden wir die beiden als „Hinterräder" bezeichneten Sterne und verlängern wir diese Verbindungslinie um das Vier- bis Fünffache, so gelangen wir in die unmittelbare Nachbarschaft eines Sterns zweiter Größe, der in mancher Hinsicht der wichtigste Stern des ganzen Himmels ist, weil er, und zwar zuverlässiger als der Kompass, die Nordrichtung anzeigt und der den Namen Polarstern führt. Minder wichtig und daher in der Figur weggelassen ist das Sternbild, zu dem der Polarstern gehört, der sog. „kleine Bär". Er besteht aus recht schwachen Sternlein, wir werden ihn aber trotzdem leicht auffinden, wenn wir beachten, dass er in etwa halber Größe ziemlich genau die Form des großen Bären wiederholt, wobei der Polarstern als äußerster, von den übrigen entferntester Deichselstern anzusehen ist und das ganze Sternbild gefunden wird, indem man von ihm aus einen Bogen nach dem mittleren Deichselstern des Wagens im großen Bären beschreibt. Von diesem Bogen nimmt der kleine Bär vom Polarstern aus nicht ganz die Hälfte ein.

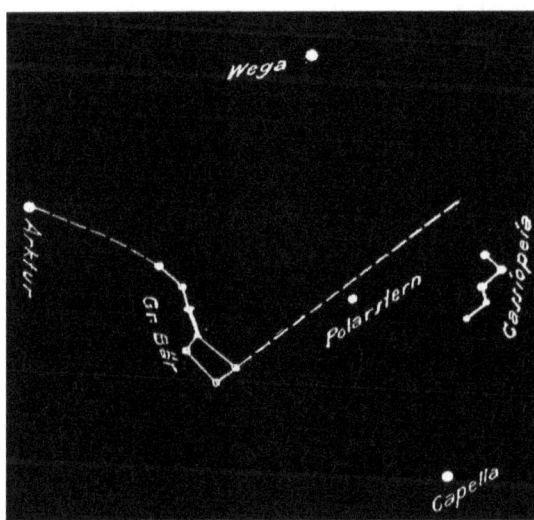

Fig. 2: Hauptrichtsternbilder

Um so wichtiger ist das Sternbild, in dessen Nähe wir geführt werden, wenn wir die Verbindungslinie der Hinterräder des Wagens über die Nachbarschaft des Polarsterns hinaus etwa um den gleichen Abstand verlängern. (Fig. 2.) Es ist die aus 5 Hauptsternen bestehende Cassiopeia, dadurch

11

ausgezeichnet, dass sie die Form eines großen lateinischen W hat. Wie aus der Figur ersichtlich, steht sie nicht genau auf der eben erwähnten Linie, aber ihr doch so nahe, dass ihre Auffindung keine Schwierigkeit machen kann. Auch die Form dieses bekannten und wichtigen Sternbildes prägen wir uns recht genau ein, beachten also beispielsweise, dass der aus den ersten drei Sternen gebildete Haken des W, gezählt in der Richtung, in der der Buchstabe geschrieben wird, merklich flacher ist als der von den drei letzten Sternen gebildete zweite Haken, dass die letzten drei Sterne heller sind als die ersten beiden und namentlich der erste. All dies verfolgen wir nicht nur auf der Figur, sondern vor allen Dingen am Himmel. — Ebenso wie der große Bär ist auch die Cassiopeia immer sichtbar; sie steht, vom Polarstern aus betrachtet, ihm nicht genau, aber doch ungefähr gegenüber und hat infolgedessen ihren höchsten Stand, wenn der Bär am tiefsten steht, also im Spätherbst und ihren tiefsten, wenn der Bär oben steht, im Sommer. Diese beiden wichtigen Sternbilder verhalten sich wie eine Schaukel, deren eine Hälfte sich senkt, wenn die andere hochgeht und umgekehrt.

Wie aus der Figur ersichtlich, zählen wir noch drei Einzelsterne zu den Hauptrichtpunkten des Himmels. Verlängert man den Bogen, der von den drei Deichselsternen des Wagens gebildet wird, etwa um die Größe dieses Sternbildes, so entdeckt man dort einen Stern, der bedeutend heller ist als alle bisher erwähnten. Er heißt „Arktur", zu deutsch etwa „Bärenführer", ist einer der hellsten Sterne des Himmels, ein Stern erster Größe. Wir sehen sofort, dass er, wenn der Himmelswagen seinen tiefsten Stand hat, oder wenn die Deichsel nach unten zeigt, unter dem Horizont steht und infolgedessen nicht sichtbar ist, also in den winterlichen Abendstunden.

Ein tüchtiges Stück, etwa die doppelte Größe des Himmelswagens, von Arktur entfernt, finden wir an der in der Figur bezeichneten Stelle einen der hellsten und bekanntesten Sterne des Himmels, die Wega. Sie ist auch ein Stern erster Größe, weit heller als ihre ganze Umgebung, sie wetteifert ungefähr mit Arktur, erscheint aber in weißerem Licht als ihr rötlich schimmernder Nebenbuhler. Arktur und Wega zusammen beherrschen den Sommerhimmel. Der Wega gegenüber, vom Polarstern aus betrachtet, steht ein ebenso heller Stern, der den Namen „Capella", zu deutsch etwa „kleine Ziege" führt. Wega und Capella stehen einander nicht genau gegenüber, sondern so, dass der den großen Bären enthaltende Raum etwas größer ist als der die Cassiopeia enthaltende. Wega und Capella sind beide fast stets sichtbar. Nur verhältnismäßig kurze Zeit, etwa um Weihnachten, hat Wega einen so tiefen Stand, dass sie, zumal im Süden von Deutschland, für kurze Zeit verschwindet oder doch in den Dünsten des Horizonts schwer entdeckt werden kann; dann aber steht Capella hoch oben und umgekehrt.

Haben wir uns die (gegenseitige Lage vom großen Bär, Polarstern, Cassiopeia, Arktur, Wega und Capella so fest eingeprägt, dass wir sie jederzeit leicht und sicher auffinden, so sind wir schon keine Fremden am Sternhimmel mehr, wir haben vielmehr in jeder Gegend des Himmels einen Stern oder ein Sternbild, von dem aus wir, wie wir sehen werden, uns leicht weiter zurechtfinden können. Es ist aber dringend zu empfehlen, sich hierbei nicht zu beruhigen, sondern diese Sterne auch einzeln so genau zu betrachten, dass man sie allein aus ihrer näheren Nachbarschaft ohne Berücksichtigung des übrigen Sternhimmels mit Sicherheit erkennt. Wega und Capella haben in ihrer nächsten Umgebung schwächere Sterne, deren Lage und Entfernung vom Hauptstern so bezeichnend sind, dass man an diesen in der Nähe stehenden, schwachen Sternlein bei einiger Aufmerksamkeit und Übung den Hauptstern sofort erkennt. Man wird dann, wenn etwa der ganze Sternhimmel bewölkt und nur ein heller Stern mit seiner Nachbarschaft durch eine Wolkenlücke sichtbar ist, so dass die Hilfe der übrigen Richtsternbilder wegfällt, doch bald erkennen: Dieser helle Stern kann nur die Wega sein, dieser die Capella usw. Aber das wird durch eifriges Betrachten des Sternhimmels besser erreicht als durch alle Beschreibung oder Abbildungen. Wir können also wohl diese Arbeit dem Sternfreund überlassen; seine Freude, die alten Bekannten am Himmel trotz gelegentlicher Erschwerung erkennen zu können, wird dann doppelt groß sein.

Schließlich bemerken wir, dass uns die bisher besprochenen Sterne und Sternbilder einen guten Anhalt für die Größenklasseneinteilung der Sterne geben. Arktur, Wega und Capella sind, wie bemerkt, Sterne erster Größe, die 6 helleren Sterne des Himmelswagens im großen Bären und die drei helleren Sterne der Cassiopeia sind zweiter Größe, die ersten Sterne im Zug des W sind dritter Größe, das obere Vorderrad des Wagens ist ein Stern vierter Größe, die schwachen Sternlein des kleinen Bären sind von der fünften Größe und alle Sterne, die nur noch mit Mühe und bei günstiger

Witterung wahrnehmbar sind, können wir als solche der 6. Größe ansehen. — Haben wir dies alles in uns aufgenommen, so können wir getrost an eine genauere Betrachtung einzelner Sternbilder herantreten.

1.3 Perseus und Andromeda

Die Reihenfolge, in der wir nunmehr durch den Sternhimmel wandern, wird von der Jahreszeit abhängen, in der wir mit unseren Beobachtungen beginnen. Im Sommer wird von unseren „Richtsternbildern" der große Bär und von den Einzelsternen Arktur und Wega die Führerrolle übernehmen, im Winter Cassiopeia und von den Einzelsternen Capella. Das Letztere dürfte wegen der früheren Abende und der dadurch ermöglichten bequemeren Beobachtung, vorzuziehen sein, aber natürlich hat auch der Sommer seine Vorteile. Wir wollen einen Beginn im Winter zugrunde legen. Cassiopeia steht nun hoch oben am Himmel. Denken wir uns den 5., 3. und 2. Stern ihres W miteinander verbunden und diese Verbindungslinie bogenförmig nach unten verlängert, so werden wir durch ein langgestrecktes Sternbild, den „Perseus" geführt. (Fig. 3.) In weiterer Verlängerung führt dieser „Perseusbogen" auf die nicht mehr zum Perseus gehörige äußerst merkwürdige Gruppe der Plejaden. Auf diese wichtige Gruppe werden wir noch zurückzu-

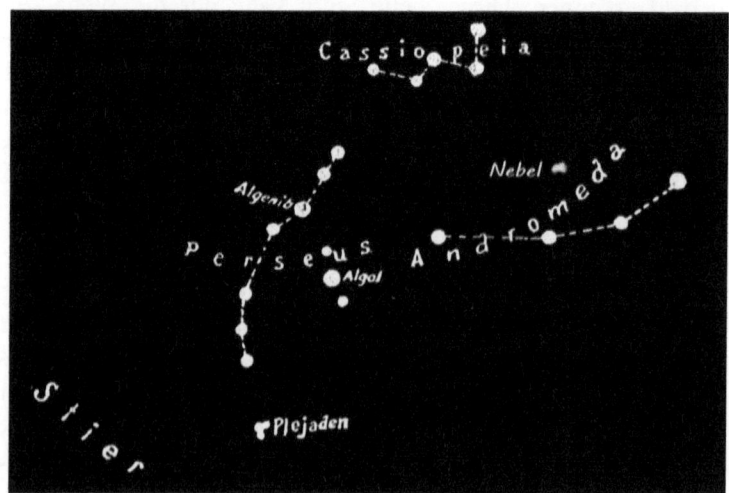

Fig. 3: Cassiopeia, Perseus und Andromeda.

kommen haben, hier bemerken wir nur, dass sie einen so einzigartigen, merkwürdigen Anblick bietet, dass jede bildliche Wiedergabe nur einen sehr unvollkommenen Eindruck von ihr bieten kann. Aber wer sie auch nur einmal am Sternhimmel gesehen hat, vergisst ihren Anblick nicht und erkennt sie ohne Weiteres wieder. Von den Sternen des Perseusbogens ist, wie aus unserer Zeichnung hervorgeht, der dritte, der nicht ganz im Bogenzug, sondern etwas eingeknickt liegt, der hellste. Er ist von der zweiten Größe und führt den arabischen Namen „Algenib". Wir müssen ihn genau kennen, obwohl er nicht der wichtigste Stern dieses Bildes ist.

Auf der Innenseite des Bogens gewahren wir unschwer eine Gruppe von drei Sternen, von denen der mittlere den Namen „Algol" führt. Diese Gruppe nannten die Alten das Medusenhaupt. Denn der Sage nach hatte Perseus das alte versteinernde Haupt der Meduse abgeschlagen, eine kühne Tat, die am Sternhimmel durch diese Gruppe von drei Sternen festgehalten wurde.

Der mittlere dieser drei Sterne des Medusenhauptes ist der Algol, und er ist einer der merkwürdigsten Sterne des Himmels. Wir müssen uns durchaus daran gewöhnen, bei jeder Beobachtung des Himmels einen Blick auf Algol zu werfen, dann werden wir leicht sehen: Für gewöhnlich erstrahlt Algol ungefähr ebenso hell wie Algenib, der hellste Stern des Sternbildes, ab und zu wird es jedoch auch vorkommen, dass seine Helligkeit ganz auffallend hinter der Algenibs zurückbleibt und nur ungefähr die seiner Nachbarsterne im Medusenhaupt erreicht. In der Tat ist Algol ein sog. „veränderlicher Stern", und zwar ist er derjenige veränderliche Stern, dessen Veränderlichkeit am leichtesten erkannt werden kann.

Eine genaue Beobachtung dieses merkwürdigen Sternes zeigt Folgendes: Für gewöhnlich merken wir Algol nichts Besonderes an, er erstrahlt völlig unverändert wie ein anderer Stern in zweiter Größe. Plötzlich aber nimmt seine Helligkeit ab und ist im Verlauf von etwa 5 Stunden um mehr als eine Größenklasse, also sehr merklich gesunken. Unmittelbar, nachdem dieses „Minimum" erreicht ist, beginnt auch schon wieder der Anstieg der Helligkeit, der dann genau in demselben Tempo wie der Abstieg erfolgt, sodass nach 5 Stunden die frühere Helligkeit wieder erreicht ist. Danach bleibt er beinahe drei Tage unverändert, worauf der Wechsel aufs Neue einsetzt und so wiederholt sich das Spiel. Die genaue Länge dieser Periode beträgt 2 Tage 20 Stunden 49 Minuten. Haben wir also ein solches „Algolminimum" beobachtet, so werden wir am dritten Tag danach, jedoch um etwa 3 Stunden früher wieder ein solches beobachten können. Da sich der Eintritt dieses „Minimums" jedes Mal um drei Stunden verfrüht, wird er bald in die Tageshelligkeit fallen, wo wir nicht beobachten können. Aber nach etwa 7 Perioden, also am 21. Tag werden wir die Beobachtung wiederholen können.

Obwohl nun diese im Jahr 1667 entdeckte Eigentümlichkeit des Algol keineswegs das erste Beispiel eines sog. „veränderlichen Sterns" war, so erregte sie doch das größte Aufsehen, denn das gesamte Altertum war fest davon überzeugt, dass der Fixsternhimmel eine vollkommene Unveränderlichkeit zeige, dass er sozusagen erhaben sei über den bloß der Erde angehörigen Wechsel aller Dinge. So fleißig und gewissenhaft die alten Sternkundigen den Himmel auch beobachteten, einen veränderlichen Stern hat doch keiner von ihnen bemerkt, obwohl dies bei Algol und noch einigen andern nicht allzu schwer gewesen wäre.

Zwei Eigentümlichkeiten, die wir leicht selbst beobachten können, sind es, die bei Algol besonders auffallen: Einmal der Umstand, dass er 2½ Tage hindurch nicht die geringste Unregelmäßigkeit erkennen lässt, sondern in ganz unverändertem Licht erstrahlt, dass sich also seine Veränderlichkeit auf rund einen halben Tag beschränkt und zweitens die große, bis in die Minuten gehende Regelmäßigkeit, mit der sich dieser ganze Vorgang wiederholt. Man hat natürlich viel darüber nachgedacht, wie sich dies alles erklären möge, und es wurde dabei öfters die Vermutung geäußert, dass es sich um einen Vorgang ganz ähnlich unsern Sonnenfinsternissen handle, die ja bekanntlich darauf beruhen, dass der Mond zwischen uns und die Sonne tritt, sodass er ganz oder zum Teil die Sonne bedeckt und uns so ihr Licht wegnimmt. Freilich ist der Mond verhältnismäßig sehr klein, sodass bei Sonnenfinsternissen nur ein winziger Teil der Erde in den Mondschatten zu liegen kommt, was wir bei einer so großen Entfernung wie die des Algol unmöglich wahrnehmen könnten. Der dunkle Himmelskörper muss also im Verhältnis wesentlich größer sein als der Mond.

Erst nach mehr als 200 Jahren nach der Entdeckung der Veränderlichkeit konnte diese Vermutung über die Gründe für den Wechsel des Algollichts bestätigt und zur Gewissheit erhoben werden. Durch besonders feine Messungen könnten wir nämlich feststellen, ob sich ein leuchtender Körper, der uns sein Licht sendet, auf uns zu bewegt oder sich von uns entfernt, ja, wir können sogar die Geschwindigkeit messen, mit der dies geschieht. Da ergab sich nun, dass sich Algol in vollkommen regelmäßigem Wechsel von uns entfernt und sich dann wieder uns nähert, und die hierbei beobachtete Periode stimmt mit der des Lichtwechsels ganz genau überein. Nun sind aber solche Bewegungen hin und her- oder kreisförmige Bewegungen im leeren Raum und ohne bestimmte Veranlassung nicht möglich. Es bleibt nur übrig, anzunehmen, dass ein dunkler, für uns unsichtbarer Himmelskörper da sein muss, um den Algol Umläufe ausführt, ähnlich wie die Erde um die Sonne, und dieser dunkle Körper ist es eben, der bei jedem Umlauf zwischen uns und Algol tritt und uns dabei sein Licht wegnimmt. Gleichgültig ist es, ob wir sagen, dass Algol den dunklen Körper umläuft oder der dunkle Körper den Algol; sie umlaufen sich gegenseitig; sie bilden, wie man sagt, einen „Doppelstern". Solche einander umlaufenden Himmelskörper, Doppelsterne und selbst Dreifach-, Vierfachsterne sind in großer Zahl, zu vielen Tausenden bekannt geworden. In vielen Fällen können die Einzelsterne getrennt, in besonders scharfen Fernrohren als Einzelsterne erkannt, beobachtet, vermessen werden; in anderen Fällen, wie eben bei Algol, ist die nicht möglich. Hier können wir nur auf dem angegebenen Weg unsere Schlüsse ziehen, aber um so schöner ist es, dass wir weitgehende Aussagen über Himmelskörper machen können, die wir nie gesehen haben, vielleicht nie zu sehen bekommen. — Natürlich ist es bei solchen „Doppelsternen" nicht notwendig, dass bei jedem Umlauf des einen Sterns um den andern, wie bei Algol, eine Verfinsterung eintritt. Denn für die Sterne ist ja genügend Platz, einander zu umlaufen, ohne dass der eine zwischen uns und den anderen gelangt. In den weitaus meisten Fällen geschieht denn auch der Umlauf, ohne dass das uns zugesandte Licht irgendwie verfinstert wird. Aber auch für ganz ähnliche Sterne wie Algol gibt es zahlreiche Beispiele, und diese ganze Gruppe von Sternen führt nach ihm den Namen „Algolsterne". Aber keiner von ihnen ist mit bloßem Auge, ohne Fernrohr so bequem und leicht zu beobachten wie unser Algol, weshalb er der Aufmerksamkeit des Sternfreundes besonders empfohlen sei. Der Sage nach hat Perseus außer seinem Kampf gegen die Meduse noch eine Heldentat ausgeführt, nämlich die Befreiung der einem Meerungeheuer ausgelieferten Andromeda, und auch diese Sage ist am Sternenhimmel verewigt. Etwas seitlich von

Perseus erkennen wir leicht das lang gestreckte Bild der Andromeda, deren erste drei Sterne fast eine gerade Linie bilden, während der vierte etwas nach links abgebogen erscheint. Der am stumpfen Knickwinkel stehende Stern ist dritter Größe, die andern sind zweiter Größe und überragen ihre Umgebung bedeutend an Helligkeit, sodass das Sternbild leicht zu erkennen ist.

Foto 2: Andromedanebel. cc0

Auch das Bild der Andromeda hat eine ganz besondere Bedeutung: An der mit „Nebel" bezeichneten Stelle erblicken wir mühelos mit bloßem Auge einen kleinen Lichtfleck. So unscheinbar er aussieht, so hochwichtig ist er! Er ist nicht mehr und nicht weniger als der Gruß einer fernen, fernen Welt, die bei Weitem das entfernteste Gebilde ist, das wir am Himmel mit bloßem Auge sehen können, der berühmte Andromedanebel. — Wir stellen uns heute die Welt vor als einen ungeheuren leeren Raum, in den einzelne „Inseln" eingebettet sind. Alles, was wir außer diesem kleinen Lichtfleck am Himmel erblicken können, gehört zu unserer Welteninsel, die ihren Namen nach der Milchstraße führt. Nur allein dieser Andromedanebel ist für sich eine Welteninsel, eine Sternenwelt, die unserer gesamten mächtigen Milchstraße vergleichbar ist.

Wir wollen versuchen, uns von der ungeheuren Entfernung dieser fremden Sternenwelt eine ungefähre Vorstellung zu machen und benutzen dazu die Fortpflanzung des Lichtes. Das Licht stellt die schnellste uns bekannte Bewegung dar, es legt in einer Sekunde einen Weg von 300.000 km zurück. Die Entfernung von Köln nach Königsberg könnte das Licht in einer Sekunde 300-mal zurücklegen, zum Überqueren des Atlantischen Ozeans braucht es nur den 50. Teil einer Sekunde. Einen Weg, gleich dem dem ganzen Erdäquator, legt es gut siebenmal in einer Sekunde zurück, braucht dagegen vom Mond bis zur Erde etwas mehr als eine Sekunde, von der Sonne zur Erde etwa 500 Sekunden oder $8^{1}/_{3}$ Minuten. Dies mag eine Vorstellung davon geben, was es heißt, dass in der Fixsternwelt nach „Lichtjahren" gerechnet wird, das ist die Entfernung, zu deren Bewältigung das Licht ein Jahr braucht. Die nächsten Fixsterne sind etwa 4 Lichtjahre von uns entfernt, die nächsten unter den bei uns sichtbaren Fixsternen 8 bis 9 Lichtjahre. Die Mehrzahl der mit bloßem Auge sichtbaren Fixsterne dürfte etwa einige Dutzend Lichtjahre entfernt sein, unsere Sonne würde in einer Entfernung von etwa 50 Lichtjahren für das bloße Auge unsichtbar werden. Wie groß der Durchmesser der Milchstraßenwelt ist, ist schwer zu sagen, vielleicht etwa 100.000 Lichtjahre. Etwas genauer können wir die Entfernung des Andromedanebels angeben, sie beträgt etwa 900.000 Lichtjahre. Trotzdem gelang es amerikanischen Astronomen mit den ihnen zur Verfügung stehenden Riesenfernrohren, einzelne Sterne dieser fernen Sternenwelt genau zu beobachten, ja sogar den ganzen Aufbau des Andromedanebels zu erforschen und dabei festzustellen, dass es in jener fernen Sternenwelt in vielen Dingen ebenso zugeht, wie in der unseren. — Die Anzahl solcher „Welteninseln" ist ungeheuer groß, sie sind aber alle weiter entfernt als der Andromedanebel, der sozusagen unsere Nachbarwelt ist.

Es sind also mancherlei Gedanken, die dem Sternfreund durch den Kopf gehen werden, wenn er den schwachen Lichtschein im Sternbild der Andromeda wahrnimmt.

1.4 Stier und Fuhrmann

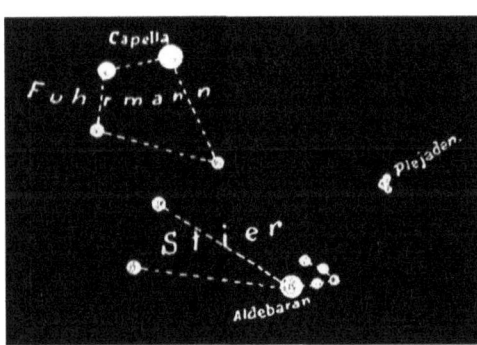

Fig. 4: Stier und Fuhrmann

Die eigentümliche Gruppe der Plejaden war schon erwähnt, indem der vom 5., 3. und 2. Stern des W der Cassiopeia ausgehende durch das ganze Perseusbild führende Bogen in seiner weiteren Verlängerung auf sie hinweist. Die Gruppe wird mitunter auch das „Siebengestirn" genannt, indessen hängt es in erster Linie von der Güte der Augen ab, wie viele einzelne Sterne man in der Gruppe unterscheiden kann (Fig. 4); aber nicht ihre Lichtschwäche, sondern die große Nähe, in der sie beieinanderstehen, macht ihre Trennung schwierig. Betrachtet man die Gruppe durch ein kleines Fernrohr (Feldstecher, Operngucker), so staunt man über die große Zahl der nun hinzutretenden Sterne und den prächtigen Anblick, den sie bieten.

Die Plejaden bilden eine Art Vortrupp der nun kommenden eigentlichen Wintersternbilder, von denen sie immer zuerst sichtbar werden und deren Kommen sie also ankündigen. Sie gehören zum wichtigsten Sternbild des Stiers, dessen Hauptstern sie bezeichnenderweise seinen Namen geben. Er heißt „Aldebaran" arabisch, zu deutsch „der Nachfolgende", weil er unmittelbar nach den Plejaden sichtbar wird. Er ist ein Stern erster Größe, allerdings nicht ganz so hell wie die andern Vertreter dieser Größenklasse, die wir bereits kennenlernten. Man präge sich genau die Verbindungslinie Aldebaran — Plejaden ein, die für die Beobachtung der Wandelsterne wichtig ist. Auch die vier ganz schwachen Sternlein in der unmittelbaren Nähe Aldebarans, die mit ihm zusammen eine liegende römische V bilden, wollen wir uns zu diesem Zweck merken. Auf den alten Bildern deutet Aldebaran immer das Auge des Stiers an, und da er ein rötlich schimmernder Stern ist, hieß es, das Auge ist von Blut gerötet. Sonst wurde vom Stier nur der Kopf gezeichnet. Links oder links über dem Aldebaran, etwa in der gleichen Entfernung wie rechts über ihm die Plejaden, sehen wir in gleicher Entfernung voneinander drei Sterne zweiter oder zweiter bis dritter Größe. Die beiden untern deuten die Hörner des Stiers an, und der Sternfreund unterscheidet sie wohl noch heute zweckmäßig als „unteres" und „oberes" Horn des Stiers, statt mit den in der Wissenschaft üblichen griechischen Buchstaben. Der oberste der drei links von Aldebaran stehenden drei Sterne gehört schon zum Bilde des Fuhrmanns. Da wir den Hauptstern dieses Bildes, die Capella, bereits unter den Richtsternen kennenlernten, wird die Auffindung des Sternbildes nicht schwer werden. Nehmen wir noch zwei weitere in der Nähe stehende Sterne hinzu, so ergibt sich, in unserer Zeichnung angedeutet, ungefähr die Figur eines Drachens. Capella ist der bei Weitem überragende Stern der Gruppe. Welche Bedeutung man diesem Stern zumaß, ergibt sich schon daraus, dass ihm allein eine bildliche Darstellung gewidmet ist. Der Fuhrmann hält nämlich eine kleine Ziege auf dem Arm, was auf Capella hindeutet. — Auch für die heutige Wissenschaft ist Capella ein besonders wichtiger Stern. Ihre Natur ist der unserer Sonne recht ähnlich, aber die Sonne würde in ihrer Entfernung dem bloßen Auge eben entschwinden; Capella übertrifft sie aber an Lichtstärke etwa 100-mal, womit sie freilich noch längst nicht der leuchtkräftigste aller Sterne ist. — Mit den amerikanischen Riesenfernrohren gelang es, nachzuweisen, dass sie ein Doppelstern ist, der aus zwei mächtigen Sonnen besteht, die in einem etwas geringeren Abstand als der der Erde von der Sonne und in einer Umlaufszeit von 104 Tagen umlaufen. Die eine dieser Sonnen wiegt 4,6, die andere 3,6-mal so viel wie unsere Sonne.

1.5 Der schönste Teil des Sternenhimmels

Wir nähern uns nunmehr den eigentlichen Wintersternbildern und damit dem schönsten, steinreichsten Teil des Sternhimmels, der von dem hoch oben stehenden Fuhrmann, dem rechts unter diesem stehenden Stier, dem alsdann folgenden Orion mit seinen beiden Hunden und abschließend von dem links vom Stier stehenden schönen Bild der Zwillinge gebildet wird (Fig. 5).

Anhand unserer Zeichnung werden die einzelnen Bilder ohne Weiteres erkannt werden können. Orion zumal, der wohl mit Recht als das schönste aller Sternbilder gilt, hat eine ungemein leicht sich einprägende Form. Die Hauptfigur wird von 7 hellen Sternen ge-

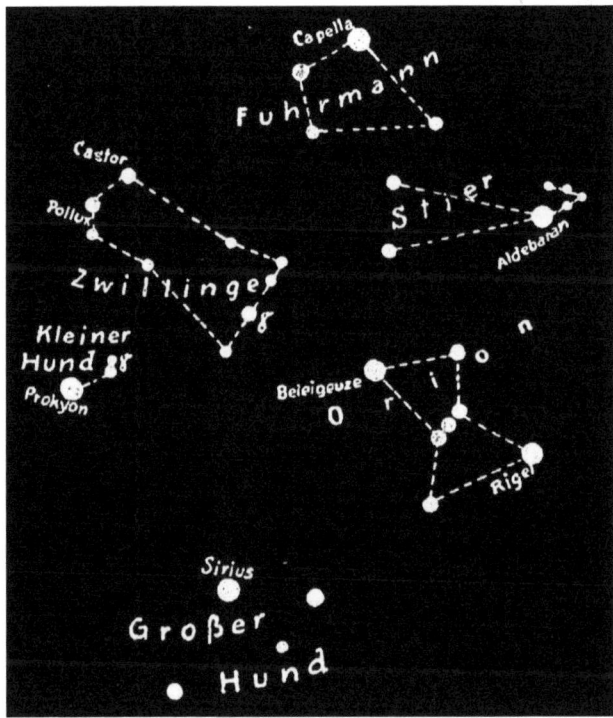

Fig. 5: Der schönste Teil des Sternenhimmels

bildet, von denen zwei oben stehen, drei auffallend dicht beieinanderstehende Sterne zweiter Größe den sog. Gürtel in der Mitte ausmachen; durch zwei weitere Sterne, rechts der bei Weitem hellere, wird das Bild unten abgeschlossen. Schon im Homer ist die Auffassung Orions als eines gewaltigen Jägers erwähnt, vermutlich ist sie noch sehr viel älter. Auf den alten Bildern schwingt Orion seine Keule gegen den anstürmenden Stier und die Keulenspitze ragt bis unmittelbar vor die Hörner des Stiers. Die uns überkommenden Bilder sind griechischen Ursprungs, aber an sie lehnen sich die arabischen Sternnamen an. Die beiden hellsten Sterne des Bildes sind der links oben stehende „Beteigeuze", d. h. „Schulter" und der rechts unten stehende „Rigel", d. h. „Fuß". Beteigeuze ist ein „veränderlicher" Stern, der nicht immer in gleicher Stärke strahlt; es ist aber nicht ganz leicht, diese Veränderlichkeit zu beobachten. Ohne Weiteres fällt uns aber die verschiedene Farbe von Beteigeuze und Rigel auf, denn Beteigeuze hat einen stark rötlichen Schimmer, während Rigel in reinweiß glänzendem Licht erstrahlt.

So groß die Freude, mit der der Sternfreund den herrlichen Anblick dieses Sternbildes genießt und wie groß auch namentlich die Wiedersehensfreude nach langer Trennung im Herbst auch sein mag, mindestens ebenso reich ist die Ausbeute für den gelehrten Sternforscher. Nur ganz Weniges davon können wir hier hervorheben. Die verschiedene Farbe der beiden hellsten Sterne des Bildes, nämlich von Beteigeuze und Rigel, war schon erwähnt. Sie rührt her von der verschiedenen Temperatur der uns Licht zustrahlenden Oberfläche der Sterne. Bei unserer Sonne beträgt diese Temperatur etwa 6000 Grad, ganz ähnlich bei Capella. Rigel dagegen gehört zu den heißesten Sternen (wenngleich es noch heißere gibt), Heine Temperatur mag 15.000 bis 20.000 Grad betragen. Wohlgemerkt: die Temperatur seiner strahlenden Oberfläche; im Innern aller Sterne, auch unserer Sonne gibt es Temperaturen von Millionen Grad. Von allen bei uns sichtbaren Sternen ist Rigel der gewaltigste Leuchtriese. Denken wir uns diesen Stern und unsere Sonne in gleicher Entfernung, so würde er etwa 6000-mal so hell strahlen wie sie; er ist jedoch gut 300 Lichtjahre von uns entfernt, das ist etwa das Sechsfache der Entfernung, in der die Sonne als schwaches Sternlein dem bloßen Auge entschwunden sein würde. Gerade das Gegenteil von ihm ist Beteigeuze. Die Temperatur dieses Sterns ist ganz erheblich geringer als die der Sonne, sie mag etwa 3000 Grad betragen und seine Leuchtkraft ist entsprechend geringer. Wenn er trotzdem so hell leuchtet, so liegt das an seiner ungeheuren Ausdehnung. Er ist so groß, dass die Erde ihren ganzen Umlauf um die Sonne innerhalb dieses Sterns ausführen könnte. Daher würde er, trotz seiner an sich geringeren Leuchtkraft aus gleicher Entfernung betrachtet, etwa 900-mal so hell erstrahlen wie die Sonne. Wir müssen uns diesen Stern, wie übrigens auch viele andere, als einen ganz dünnen Gasball vorstellen.

Nicht weniger wichtig als diese Forschungen ist das merkwürdige Gebilde des sog. Orionnebels, den wir als leuchtenden Fleck mit bloßem Auge etwas unterhalb des Gürtels an der Stelle, wo die alten Bilder das kurze Schwertgehänge Orions zeigen, erblicken können. Er ist von ganz anderer Art wie der oben erwähnte Andromeda-Nebel. Er bildet nicht wie diese eine besondere Sternenwelt, sondern gehört zur Milchstraßenwelt, hat freilich eine ungeheure Ausdehnung. Er besteht aus Gasen, die teils im eigenen Licht leuchten, teils auch von den in ihnen stehenden Sternen beleuchtet sind.

Ungefähr in der Richtung, die durch die Gürtelsterne des Orion angegeben wird, finden wir in der Entfernung, die etwa der Größe Orions entspricht, den hellsten Fixstern des Himmels, den berühmten Sirius. Der Name bedeutet „Der Glänzende", ist griechisch, aber dann in die lateinische Sprache als Fremdwort übernommen. Er steht im Sternbild des „großen Hundes", überragt aber alle andern Sterne dieses Bildes so sehr an Bedeutung, dass er wohl auch kurz selbst als „großer Hund" bezeichnet wird. So nannte man schon im Altertum die Tage, wo er nach langer Unsichtbarkeit wieder in der Morgendämmerung auftauchte, nach ihm die „Hundstage", welchen Namen man heute noch mitunter hört. Auch sonst hat der Stern in der Geschichte eine gewisse Rolle gespielt, beispielsweise war der ägyptische Kalender auf ihn gegründet. — Die überragende Helligkeit verdankt er in erster Linie seiner verhältnismäßig geringen Entfernung; er ist von den bekannteren bei uns sichtbaren Sternen der nächste, er ist von uns „nur" 8 bis 9 Lichtjahre entfernt und strahlt an und für sich etwa 25-mal so hell wie die Sonne, wird also von den eben erwähnten Leuchtriesen bei Weitem übertroffen.

Gehen wir von Sirius links aufwärts, so stoßen wir in der Richtung, die durch die beiden höchsten Sterne Orions (links Beteigeuze) angegeben wird, wieder auf einen Stern erster Größe, der von jeher als mit Sirius zusammengehörig empfunden wurde. Er heißt danach „Prokyon", das heißt etwa Vorläufer, Ankündiger des Hundes, weil er eher sichtbar wird als Sirius, den er sozusagen ankündigt. Er steht im Sternbild des kleinen Hundes, das außer ihm nur noch einen einzigen helleren Stern enthält, der rechts über Prokyon steht und dessen Stellung wir uns merken. Wie Sirius, so gehört auch Prokyon zu den uns nächsten Sternen, er steht etwa 10 Lichtjahre von uns ab.

Zwischen dem kleinen Hund und dem hoch oben stehenden, uns schon bekannten Bild des Fuhrmanns, folgt nun das letzte dieser Gruppe der Wintersternbilder, das schöne und wichtige Bild der Zwillinge. Wenn wir die Verbindungslinie von Rigel und Beteigeuze um etwa das 1½-fache ihrer Größe verlängern, so werden wir auf die beiden Hauptsterne dieses Bildes, Kastor und Pollux geführt, nach denen das Bild seinen Namen trägt. Ihre Entfernung voneinander ist etwa ebenso groß wie die der oben erwähnten Sterne des kleinen Hundes; wir unterscheiden aber die Paare trotzdem leicht durch die etwas verschiedene Richtung sowie vor allem dadurch, dass der Helligkeitsunterschied von Kastor und Pollux viel geringer ist als der des Prokyon und seines Nachbarsterns. — Solche und ähnliche Vergleiche zwischen den Sternen, die sich natürlich überall bei allen Sternbildern leicht finden lassen, wird man gut tun, sich einzuprägen. Die Freude, wenn man dann schon in der Dämmerung bei noch nicht voll ausgestirntem Himmel oder bei teilweise wolkenbedecktem Himmel seine himmlischen Freunde zu erkennen vermag, wird dann um so größer sein. — Bei ausgestirntem Himmel erscheinen Kastor und Pollux beinahe gleich hell. In der Dämmerung sieht man deutlich, dass der oben stehende Kastor heller ist.

Wichtig ist dies Sternbild deshalb, weil es von den Bildern, in denen Wandelsterne erscheinen können, eines der am leichtesten und besten sichtbaren ist. Wir werden uns deshalb die Form des Bildes und die Lage der Sterne besonders genau einprägen, damit wir einen etwaigen fremden Gast in dem Sternbild um so leichter erkennen und verfolgen können. Das Sternbild hat ungefähr Rechteckform, wobei die eine kleine Seite des Rechtecks von den beiden Hauptsternen gebildet, die andere durch vier fast in gerader Linie stehende Sterne, die wir uns einzeln merken. Auf dieser durch vier Sterne bezeichneten Linie stehen die Füße der beiden Figuren, während die Köpfe durch die beiden Hauptsterne wiedergegeben werden. Der Umstand, dass die Köpfe ziemlich nahe beieinanderliegen, gibt auf den alten Bildern der Haltung der beiden Figuren einen etwas zärtlichen Anstrich. Beim Aufgang des Gestirns nehmen die Figuren eine waagerechte Haltung ein, Kastor liegt über Pollux; beim Untergang dagegen stehen die beiden aufrecht nebeneinander. Werfen wir auf diesen schönsten Teil des Himmels einen Rückblick, so gewahren wir die Form eines riesigen Sechsecks, dessen oberer Eckpunkt von Capella und dessen unterer Eckpunkt von Sirius gebildet wird. Die anderen Eckpunkte werden auf der rechten Seite von Aldebaran und Rigel, links von Prokyon und Kastor bezeichnet. Alle diese Eckpunkte sind Sterne erster Größe (Kastor etwa auf der Grenze von erster und zweiter) und im Innern des Sechsecks noch Beteigeuze, dazu kommen noch viele Sterne zweiter Größe, dies ergibt zusammen einen Reichtum an hellen Sternen wie in keinem anderen Teil des Himmels. Ist dies sog. große Wintersechseck voll sichtbar, so kann man sich an seinem Glanz kaum sattsehen.

1.6 Der Löwe

Den Hauptstern Regulus im Löwen, zu dem wir uns nun wenden (Fig. 6), finden wir leicht, entweder, indem wir uns aus der Figur Größe und Lage des Dreiecks merken, das er mit den oben erwähnten Sternen Prokyon und Pollux bildet oder indem wir sowohl Vorder- als auch Hinterräder des Himmelswagens verbinden und die Verbindungslinien verlängern; der Schnittpunkt führt in die Nähe von Regulus. Man sieht daraus sofort, dass das Sternbild nicht sichtbar sein kann, wenn der große Bär seine tiefste Lage einnimmt, weil es dann unter den Horizont zu liegen kommt. Einige weitere in der Nähe stehende Sterne ergeben, wie leicht zu sehen, mit Regulus zusammen die Form einer Sichel, deren Griff durch Regulus bezeichnet wird. Außerdem gehört zum Löwen noch ein aus drei Sternen bestehendes beinahe rechtwinkliges Dreieck, dessen Spitze der Stern „Denebola", d. h. „Schwanz des Löwen" bildet.

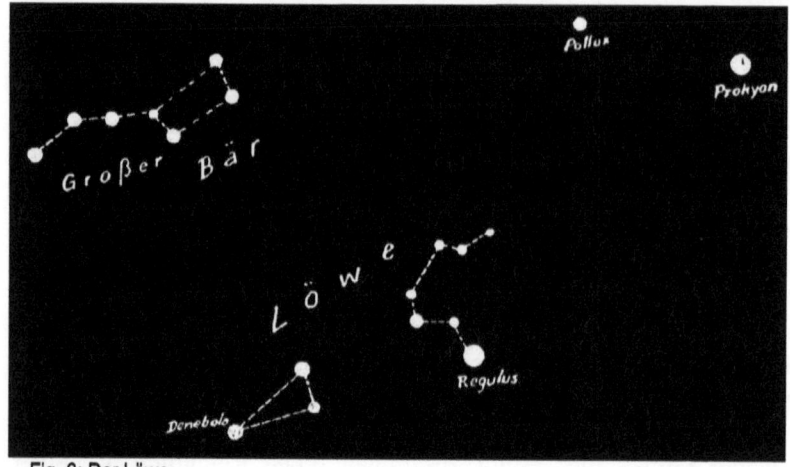

Fig. 6: Der Löwe

1.7 Bootes und die Jungfrau

Wir nähern uns nun allgemein denjenigen Sternbildern, mit denen wir hätten beginnen können, wenn wir unsere Himmelsspaziergänge nicht, wie vorstehend angenommen, im Herbst oder im Winter, sondern im Frühjahr oder Sommer beginnen wollen. Während wir oben mit dem durch die Cassiopeia bestimmten Perseusbogen begannen, wenden wir uns jetzt zu dem der Cassiopeia gegenüberliegenden Hauptrichtsternbild, dem großen Bären. Die auf Arktur führende Verlängerung des Deichselbogens des Wagens war schon erwähnt; verlängern wir sie nun weiter, etwas nach innen gebogen, so gelangen wir auf einen von alters her besonders beliebten und wichtigen Stern erster Größe, die Spica in der Jungfrau (Fig. 7). Beide Sternbilder enthalten außer diesen Hauptsternen nur noch minder helle Sterne.

Arktur gehört zum Sternbild des Bootes; seine Form wird am leichtesten aufgefasst, wenn wir auf die in der Figur angedeutete Weise zwei Fußsterne und ein darüber liegendes Sechseck unterscheiden. Die Sterne der Jungfrau bilden einen sanften Bogen, der von der Spica bis etwa halbwegs zum Regulus im Löwen führt. Außer diesem Bogen unterscheiden wir noch ein Dreieck, dessen Größe etwa der des Dreiecks im Löwen gleichkommt. — Auf den alten Bildern erscheint die „Jungfrau" in liegender Stellung; sie hält eine Ähre in der Hand, ist also wohl als Schnitterin gedacht. „Spica" bedeutet „Ähre", weil die Ähre auf die vom Stern bezeichnete Stelle fiel — „Spica" ist nach Rigel der gewaltigste Leuchtriese unter den bei uns sichtbaren Sternen. Sie ist etwa ebenso weit wie

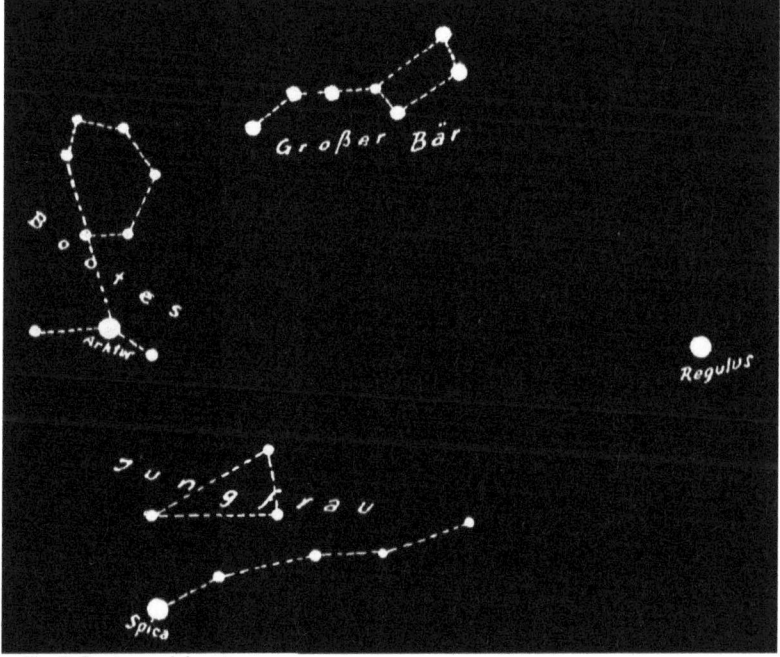

Fig. 7: Bootes und Jungfrau

Rigel entfernt, gut 300 Lichtjahre und dem Rigel auch ihrer Natur nach ähnlich.

1.8 Waage und Skorpion

Man denke sich durch die bisher besprochenen Sternbilder Stier, Zwillinge, Löwe und Jungfrau einen Bogen, dessen hohe Bedeutung wir bald kennenlernen werden; dieser Bogen führt dann in seiner Fortsetzung auf die nun zu besprechenden Bilder Waage und Skorpion (Fig. 8). Von der Waage sind nur zwei Sterne bemerkenswert, die auf den alten Bildern die Waageschalen bedeuteten. Der Name „Waage" erklärt sich wohl so, dass zur Zeit der Entstehung dieser Namen sich Tag und Nacht die Waage hielten, wenn die Sonne an der von dem Bild bezeichneten Stelle steht. Jetzt trifft dies freilich nicht mehr zu.

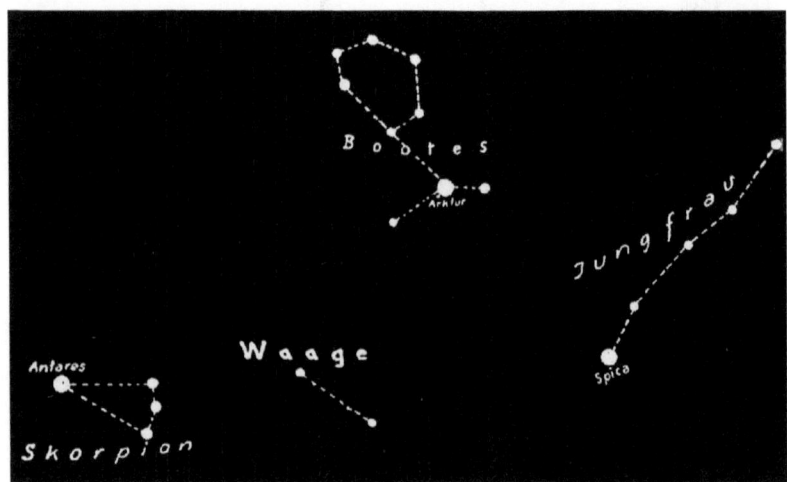

Fig. 8: Bootes, Jungfrau, Waage, Skorpion

Bedeutender als die Waage ist das dann folgende Bild des Skorpions, denn es enthält in Antares einen Stern erster Größe, den bei weitem hellsten Stern dieser ganzen Himmelsgegend. „Antares" bedeutet etwa „Gegenmars" oder Gegenbild des Mars, mit dem er die rötliche Farbe gemein hat. Außer diesem Antares fallen im Skorpion noch drei schwächere Sterne auf, die in gleicher Entfernung rechts vom Hauptstern des Bildes stehen, was dem kleinen Bild eine sich leicht einprägende Form gibt. — Waage und Skorpion sind ausgesprochene Sommersternbilder, die sich in unseren Gegenden nie hoch über den Horizont erheben, Antares nicht einmal ho hoch wie die Sonne zur Zeit des kürzesten Tages.

1.9 Krone und Herkules

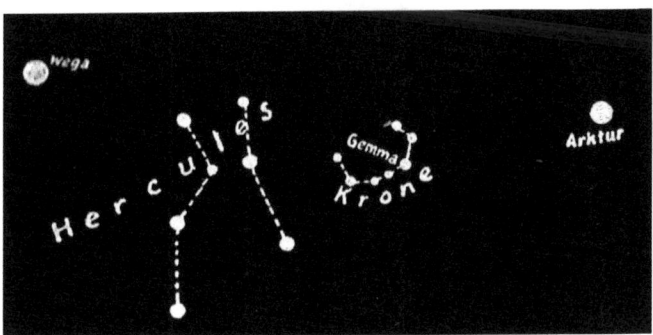

Fig. 9: Krone und Herkules zwischen Arktur und Wega

Im Sommer beherrschen die als „Hauptrichtsterne" schon erwähnten Sterne Arktur und Wega den Sternhimmel. Die beiden sind etwa gleich hell, aber sonst ganz verschieden. Arktur hat ein viel rötlicheres Licht als die weiß erstrahlende Wega. Auf der Lichtbildplatte, die mehr und mehr zum Auge des Astronomen geworden ist, erscheint infolgedessen Wega sehr viel heller als Arktur, weil, wie bekannt, rotes Licht auf die Platte im Gegensatz zum menschlichen Auge wenig oder gar nicht einwirkt. — Im ersten Teil des Sommers überwiegt dann der höher stehende Arktur, während die Herrschaft späterhin auf die Wega übergeht. Arktur verschwindet im Herbst ganz und sein Wiederauftauchen am frühen Abendhimmel gilt dann dem Sternfreund als Frühlingsbote. Auf der Verbindungslinie von Arktur und Wega liegen Krone und Herkules (Fig. 9). Das Bild der Krone besteht zwar nur aus schwachen Sternlein, aber da die Halbkreisform des Bildes ungewöhnlich hübsch wirkt, sei es trotzdem nicht übergangen. Der hellste der sieben den Halbkreis bildenden Sterne führt den Namen Gemma und gilt als Edelstein in der Krone. Das Bild des Herkules entspricht zwar nicht ganz der Bedeutung, die dieser griechische Nationalheld in der Sage einnimmt, wir wollen uns trotzdem seine Form einprägen. Unser Bild bringt von ihm sieben Sterne, von denen die drei rechts stehenden einen sehr stumpfen Winkel bilden, während von den vier links stehenden der erste, dritte und vierte in gerader Linie liegen, der zweite eingeknickt nach rechts; danach wird das Bild leicht gefunden und erkannt werden können.

1.10 Schwan, Leyer und Adler

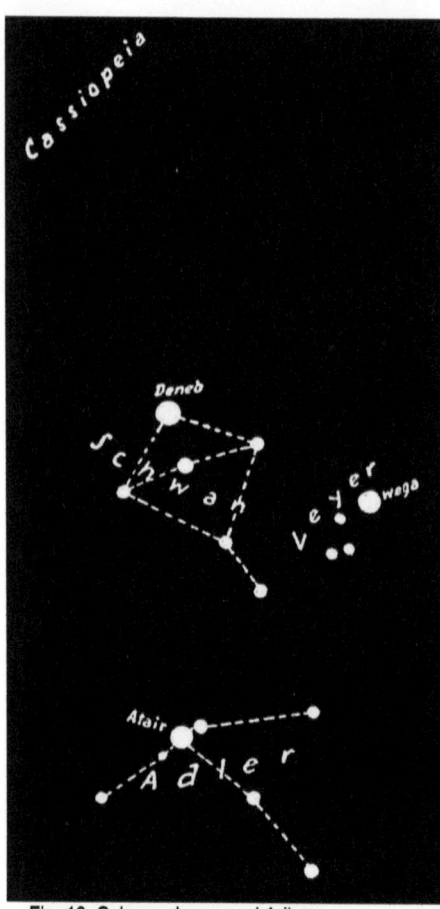

Fig. 10: Schwan, Leyer und Adler

Die Wega liegt in dem ganz von ihrem Glanz beherrschten kleinen Sternbild der Leyer (Fig. 10). Wir merken uns die Form des von den drei schwachen Sternlein in ihrer Nähe stehenden Dreiecks, und wir werden dann Wega jederzeit erkennen können, auch wenn die Beziehung auf andere Sterne wegfällt. — Verlängern wir die Verbindungslinie Arktur — Wega über die Wega hinaus, so werden wir auf das Sternbild des Schwans geführt, das wir entweder als Riesenkreuz auffassen können oder in der durch unsere Figur angedeuteten Weise als ein der Quadratform sich näherndes Viereck, dessen Mitte ein fünfter Stern nahesteht und in dessen verlängerter Diagonale ein sechster Stern liegt. Der bei Weitem hellste Stern des Bildes heißt „Deneb", d. h. „Schwanz", weil die Bilder hier den Schwanz des Schwans zeigen. Deneb ist nach Rigel und Spica der mächtigste Leuchtriese unseres Himmels. Die von Deneb ausgehende Diagonallinie, die Hauptachse des Sternbildes, fällt in die Richtung der gleich zu besprechenden Milchstraße.

Auf der anderen Seite der Milchstraße, der Leyer gegenüber, entdecken wir das Sternbild des Adlers mit dem Hauptstern Atair. Dieser Stern erster Größe zeigt in seiner Nachbarschaft zwei schwache Sternlein, die einen sehr stumpfen Winkel bilden, woran Atair sofort kenntlich ist. Zwei weitere, etwas entfernter stehende Sterne deuten die ausgebreiteten Flügel des Adlers an. — Atair, arabischen Ursprungs, heißt „fliegender Adler", während „Wega", auch arabisch, „fallender Adler" bedeutet. — Die drei hellen Sterne Wega, Deneb und Atair nennt man wohl auch das „Sommerdreieck".

Foto 3: Das Sommerdreieck aus Wega, Deneb und Altair

Damit wollen wir die Betrachtung der Einzelsternbilder schließen, wiewohl noch längst nicht alle wichtigeren Bilder erwähnt sind. Hauptsache ist, dass der Sternfreund sich das Verfahren aneignet, von bekannten Sternbildern durch hinzugedachte Hilfslinien, Verbindungslinien, Verlängerungen usw. zu noch unbekannten Bildern vorzudringen, um so auch diese einzubeziehen. Ist dies der Fall, so kann es ihm nunmehr keine Schwierigkeit machen, sich anhand einer guten Sternkarte weiterzuhelfen. — Wir wenden uns nunmehr zur Betrachtung der Milchstraße.

1.11 Milchstraße

Foto 4: Milchstraße. cc0

Die Milchstraße ist wohl von allen Gebilden des abendlichen Sternhimmels das größte und eindrucksvollste und nach ihr führt, wie schon erwähnt, die ganze Sternenwelt, der wir angehören, ihren Namen. Besonders schön tritt sie in Erscheinung, wenn im Spätsommer und beginnenden Herbst die Abende anfangen dunkler zu werden. Auffallend ist besonders die Stelle im zuletzt besprochenen Sternbild des Schwans, wo sie sich in zwei Äste gabelt. Längs dieses Sternbildes bemerkt man in der Milchstraße einen Streifen, der fast völlig dunkel bleibt. Der obere Ast der Milchstraße enthält dann das Sternbild der Leyer mit der Wega, der untere den Adler mit Atair. Die wieder vereinigte Milchstraße enthält die Bilder der Cassiopeia und des Perseus und zieht sich weiterhin durch den Fuhrmann, einen Teil des Stiers und der Zwillinge sowie zwischen Orion und dem kleinen Hund hin. Dieser im Winter sichtbare Teil erreicht nicht ganz den Eindruck der frühherbstlichen Milchstraße. In lichtstarken Fernrohren erkennt man, wie der Lichtschimmer der Milchstraße sich auflöst in eine ungeheure Zahl einzelner Sterne, die viel zu lichtschwach sind, als dass das bloße Auge sie einzeln wahrnehmen könnte. — Die Erforschung des Baues unserer Milchstraßenwelt ist eine schwierige Aufgabe der Wissenschaft. In der einen oder anderen Hinsicht wissen wir über andere entfernte Welten, wie z. B. den vorstehend erwähnten

Andromeda-Nebel, besser Bescheid als über die Milchstraßenwelt, der wir selber angehören.

1.12 Die tägliche Drehung des Sternhimmels

Schon längst wird der aufmerksame Sternfreund eine Beobachtung gemacht haben, die wir nun endlich im Zusammenhang besprechen müssen: Die Sterne stehen ebenso wenig fest am Himmel wie die Sonne, deren Aufgang im Osten, Höhersteigen, Höchststand im Süden, Untergang im Westen ja allgemein bekannt ist. Sehen wir irgendeinen Stern in östlicher, nord- oder südöstlicher Richtung und schauen nach einer Weile wieder hin, so ist der Stern emporgestiegen, er steht höher über dem Horizont, strahlt vielleicht auch heller, weil er der staubigen Luft in der Nähe des Horizonts entrückt und in die reinere höhere Luft emporgestiegen ist. Umgekehrt steht es bei den im Westen, Nord- oder Südwesten sichtbaren Sternen, sie senken sich, tauchen in die Dünste des Horizontes, wo sie schwächer erstrahlen, oder gehen ganz unter. Nicht ganz so leicht, aber auch nicht schwierig ist es, zu sehen, dass ein im Süden stehender Stern nach rechts weiterrückt. (Nebenbei bemerkt: Sterne in der Nähe des Horizontes erhalten eine rötliche Farbe ebenso wie die Sonne, bei der dies als Morgen- oder Abendrot bekannt ist. Diese rötliche Farbe ist wohl zu unterscheiden von der oben öfter erwähnten Farbe, die manchen Sternen an und für sich zukommt. Wenn wir die Farbe richtig beurteilen wollen, darf der Stern nicht in der Nähe des Horizontes stehen.)

Diese Bewegung der Sterne beobachten wir nur, wenn wir sie mit dem Horizont oder irdischen Gegenständen vergleichen; die Stellung der Sterne zueinander bleibt ungeändert, sonst könnte es ja keine festen Sternbilder geben. Aus diesem Grunde dachte man sich früher die Sterne an einer an sich unsichtbaren Kugel fest angeheftet und die Bewegung wurde dieser festen Kugel zugeschrieben. Daher der Name „Fix"-Sterne, was eigentlich „angeheftete" Sterne bedeutet. (Vergl. „Kruzifix".) Wir teilen diese Vorstellung nicht mehr; wir nehmen auch, wie im Vorangegangenen öfters erwähnt, eine ganz verschiedene Entfernung der Fixsterne von uns an, während bei den an eine Kugel gehefteten Sternen für alle dieselbe als ungeheuer groß angenommene Entfernung herauskäme.

Die Bewegung der Sterne müssen wir nun etwas genauer verfolgen. Vielleicht ist dabei der folgende Versuch zweckdienlich: Wir nehmen eine halbkugelförmige Drahtglocke, die im Haushalt vielleicht als Sieb oder zu ähnlichen Zwecken benutzt wird, und stellen sie an einem sonnigen Tag auf einen sonnigen Tisch. Wir bestimmen genau den Mittelpunkt des Grundkreises und suchen auf der Drahtglocke den Punkt, dessen Schatten auf diesen Mittelpunkt fällt, und markieren ihn durch ein in das Drahtgeflecht gestecktes Hölzchen oder dergl. Nach einiger Zeit, etwa einer Stunde wiederholen wir dies Verfahren; wir werden finden, dass nun ein anderer Punkt seinen Schatten in die Mitte wirft, halten auch diesen Punkt durch ein geeignetes Zeichen fest und fahren so fort. Die Drahtglocke muss dabei natürlich unverändert feststehen oder, wenn sie doch bewegt wurde, genau in die alte Lage zurückgebracht werden. Am Abend können wir sehen, dass auf diese Weise die Sonne selbsttätig ihre Bahn auf der Drahtglocke aufgezeichnet hat. Wiederholen wir den Versuch zu anderer Jahreszeit, so sehen wir, dass sich die Bahn der Sonne, wie ja allgemein bekannt, geändert hat, aber die beiden Bahnen verlaufen in ganz gleichem Abstand voneinander, sie sind, wie man sagt, parallel, sind Teile von Kreisen, die den gleichen Mittelpunkt haben.

Alle diese Beobachtungen können wir nun auch bei den Sternen machen. Wir werden finden, dass ein Punkt des Himmels keinen Teil an der Bewegung hat, dass er in unveränderter Ruhe festliegt und dieser Punkt heißt der Pol des Himmels, um den sich der ganze Himmel mit allen Sternen dreht. Er liegt in der Nähe des Polarsterns, der danach seinen Namen führt. Sterne, die diesem Pol naheliegen, wie die des großen Bären oder auch die der Cassiopeia, können, wie jeder Blick auf den Sternhimmel sofort zeigt, ihren Kreis um den Pol vollständig beschreiben, ohne unter den Horizont untertauchen zu müssen. Diese Sterne gehen weder auf noch unter, sind vielmehr immer sichtbar. Dabei ist grundlegend wichtig: Der Pol liegt im Norden. Oder besser gesagt: die Lage des Pols ist es, die für uns die Nordrichtung schafft und festlegt; der Kompass ist nur ein Hilfsmittel; wenn wir ihn zu genauen Angaben benutzen wollen, muss er dauernd durch diesen Himmelspol kontrolliert werden. — Da der Pol im Norden liegt, ist hier seine Entfernung vom Horizont am geringsten. Ein den Pol umkreisender Stern wird also im Norden dem Horizont am nächsten kommen, d. h. seinen tiefsten

Stand haben, während er umgekehrt im Süden am höchsten steht. Ist jedoch seine Entfernung vom Pol größer, sodass seine Kreisbahn unter den Horizont untertaucht, so wird er im Norden am tiefsten unter den Horizont geraten, im Süden am höchsten über ihm stehen. Bei der Sonne ist dies allgemein bekannt, unser Versuch mit der Drahtglocke kann es uns weiter deutlich machen, aber bei jedem andern Stern verhält sich dies ebenso.

Für das Verhalten eines Sterns ist seine Entfernung vom Pol maßgebend. Bei der Wega ist diese Entfernung so groß, dass ihr um den Pol als Mittelpunkt gehender Kreis gerade den Nordpunkt des Horizontes berührt. Arktur steht etwas weiter vom Pol ab, seine Bahn schneidet infolgedessen den Horizont, der Stern geht auf und unter, aber der bei Weitem größte Teil seines Kreises fällt über den Horizont, er ist nur kurze Zeit unter dem Horizont und infolgedessen unsichtbar und die Punkte seines Auf- und Unterganges liegen beide nicht weit vom Norden des Horizontes entfernt. Je größer der Abstand des Sterns vom Pol wird, um so tiefer taucht der Stern im Norden unter den Horizont, um so weiter entfernen sich die Punkte seines Auf- und Untergangs vom Nordpunkt, um so geringer wird die Höhe, die der höchste Punkt der Bahn im Süden erreicht. Besondere Beachtung hat dabei immer der Fall gefunden, wo der über den Horizont fallende Teil der Bahn ebenso groß ist wie der unsichtbare unter dem Horizont. Der Stern geht dann genau im Osten auf und im Westen unter und wir nennen die von ihm beschriebene Bahn den Himmelsäquator (der Name „Äquator" ist dann vom Himmel auf die Erde übertragen worden). Das trifft z. B. für die Gürtelsterne des Orion zu, während z. B. Beteigeuze dem Pol etwas näher steht, daher etwas mehr nach Norden zu auf- und ebenso untergeht, und etwas mehr als 12 Stunden über etwas weniger unter dem Horizont weilt, während bei Rigel, der entfernter vom Pol steht, das Gegenteil zutrifft. Natürlich bleibt die Bahn, die ein Stern beschreibt, vollkommen unveränderlich, einen Tag wie den andern; aber damit ist nicht gesagt, dass wir sie auch ebenso zu sehen bekommen, denn das hängt auch von der Sonne ab, deren Erscheinen über dem Horizont, wie wir wissen, sofort alle Sterne unsichtbar macht. Wenn also auch ein Stern jeden Tag dieselbe Bahn beschreibt, so ist damit noch lange nicht gesagt, dass wir auch immer ein gleiches Stück von ihm zu sehen bekommen.

Dies also ist der gewaltige Umschwung des Fixsternhimmels, den wir täglich vor Augen haben und den nur so wenig Menschen wirklich gesehen haben. Eine andere Frage ist natürlich die, wie wir diese Erscheinung erklären wollen. Bekanntlich nehmen wir aus sehr triftigen Gründen an, dass diese ganze Umdrehung nur scheinbar ist, dass sie uns dadurch vorgetäuscht wird, dass sich die Erde in entgegengesetzter Richtung um sich selbst dreht. Der Himmelspol ist dann nichts anderes als die Richtung der Erdachse. An der Richtigkeit dieser Annahme ist kein Zweifel möglich. Aber die alten Völker, insbesondere die Griechen sind dadurch, dass sie auf dem entgegengesetzten Standpunkt standen, nicht gehindert worden, eine sehr ansehnliche Himmelskunde zu begründen.

Der Umschwung des Fixsternhimmels geht mit vollkommener Gleichmäßigkeit vor sich, er ist die größte und zugleich zuverlässigste Uhr, die wir, abgesehen von Atomuhren, kennen. Nach ihr stellten wir Jahrhunderte lang alle unsere irdischen Uhren ein.

2 DIE WANDELSTERNE

2.1 Der Mond

In mancherlei Hinsicht ist unser Mond der ergiebigste und dankbarste Gegenstand der Himmelsbeobachtung, aber um alles, was wir bei ihm sehen können, richtig zu erkennen, ist Kenntnis des Fixsternhimmels und seiner Sternbilder unerlässlich, weshalb sie vorangestellt wurde. Auf den ersten Blick scheint es, dass der Mond, wie ein Fixstern, auf der Ostseite des Horizontes aufgeht, hochsteigt, im Süden seinen höchsten Stand hat und im Westen untergeht. Er macht also, zunächst im ganz groben gesehen, die tägliche Drehung des Fixsternhimmels mit. Aber schon ein ziemlich flüchtiger Blick zeigt uns, dass er sich nicht wie ein Fixstern verhält. Merken wir uns die Stelle, vielleicht das Sternbild, wo er an einem Tag steht, so finden wir ihn am nächsten Tag ein ganz tüchtiges Stück links davon, am folgenden wieder und so geht es weiter. Diese Bewegung des Mondes im Vergleich zum Fixsternhimmel muss natürlich wohl unterschieden werden von der Bewegung des gesamten Fixsternhimmels im Vergleich zum Horizont. Der Mond wandert also am Fixsternhimmel, er ist ein **Wandelstern**. Diese Wanderung des Mondes ist so schnell, dass sie, insbesondere wenn er in der Nähe eines hellen Sternes steht, ohne Mühe schon am selben Abend festgestellt werden kann. Denn im Verlauf einer Stunde legt er am Fixsternhimmel, während dieser seine Drehung nach rechts ausführt, etwa einen Weg nach links zurück, der seinem eigenen Durchmesser entspricht. Besonders schön und interessant ist es, wenn der Mond, was zuweilen vorkommt, über einen hellen Stern hinweggleitet, ihn, wie man sagt „bedeckt". Mond sowohl als auch Fixstern, machen die tägliche Drehung des Sternhimmels mit, neigen sich also beispielsweise sinkend zum Westhorizont, aber während dieser weit schnelleren gemeinsamen Bewegung schiebt sich langsam der Mond vor den Stern, sodass dieser unseren Blicken entschwindet. Nach längstens einer Stunde, wenn beide schon ein ganzes Stück tiefer gesunken sind und sich zugleich mit dem ganzen Sternhimmel nach rechts bewegt haben, kommt dann der Stern auf dem rechten Mondrand wieder zum Vorschein, der Mond wandert langsam, aber doch sichtbar, weiter nach links.

Diese sog. „Mondbedeckungen" waren früher außerordentlich wichtig. Da die Zeit ihres Eintritts vorher ganz genau berechnet war, konnte der Seemann danach seine Uhr stellen, was für ihn grundlegend wichtig ist. Heutzutage wird die Überwachung der Uhr viel vollkommener per Funk erreicht.

Die Eigenbewegung des Mondes ist stets nach links gerichtet, entgegen der nach rechts gerichteten täglichen Drehung des ganzen Himmels. Infolgedessen sind die „Mond"-Tage, wenn wir so sagen wollen, länger als 24 Stunden. Denn merken wir uns etwa die Zeit, wo der Mond im Süden steht, so wird zwar nach 24 Stunden die Stelle des Fixsternhimmels, an der der Mond stand, wieder im Süden stehen, der Mond selbst aber ist nach links weitergewandert und infolgedessen dauert es fast eine Stunde, bis er durch die nach rechts gerichtete tägliche Drehung wieder nach Süden gelangt. Die „Mond"-Tage würden also um fast eine Stunde länger sein als unsere bürgerlichen Tage.

Selbstverständlich muss der Mond bei dieser seiner Wanderung in verschiedene Sternbilder geführt werden und diese Sternbilder, von denen es zwölf gibt, waren von alters her besonders berühmt. Einige von ihnen haben wir oben beschrieben, die Namen der zwölf sind:

Widder, Stier, Zwillinge, Krebs, Löwe, Jungfrau, Waage, Skorpion, Schütze, Steinbock, Wassermann, Fische.

Wiewohl nur sieben von ihnen Tiere bedeuten, heißen sie doch die „Tierkreissternbilder" und ihre Gesamtheit der „Tierkreis".

Wie leicht zu sehen, ist die Richtung der Mondwanderung und des Tierkreises der der täglichen Bewegung zwar ungefähr, aber nicht genau entgegengesetzt, vielmehr liegt der Tierkreis etwas schräg, sodass einige seiner Bilder, wie namentlich der Stier und die Zwillinge, dem Pol näherliegen, sodass sie einen großen Bogen über dem Horizont beschreiben und im Süden eine bedeutende Höhe erreichen, während bei anderen, etwa dem Skorpion, das Gegenteil zutrifft.

Aber weit auffallender als die Wanderung des Mondes durch die verschiedenen Sternbilder des Tierkreises ist der Wechsel seiner Lichtgestalt. Wir alle wissen, dass es einen zunehmenden Mond, einen Vollmond, einen abnehmenden Mond und einen Neumond gibt, und auch der Grund dafür ist allgemein bekannt: Da der Mond sein Licht von der Sonne erhält, so hängt auch seine Lichtgestalt von seiner Lage zur Sonne ab. — Steht jemand zwischen uns und der uns beide beleuchtenden Lampe, so kehrt er uns seine dunkle Seite zu, wir werden ihn vielleicht nicht erkennen, während er hell beleuchtet ist, wenn er uns gegenüber auf der andern Seite der Lampe steht. Beim Mond ist die Sonne die beleuchtende Lampe. Steht also der Mond von uns aus gesehen in der Nähe der Sonne, d. h. in Wahrheit, da er uns viel näher steht als die Sonne, zwischen uns und der Sonne, so kehrt er uns seine unbeleuchtete Seite zu, er ist für uns unsichtbar, wir haben Neumond. Je weiter er sich nun am Himmel von der Sonne entfernt, ein umso größerer Teil von ihm wird sichtbar, und wenn er schließlich der Sonne gegenübersteht, ist er ganz beleuchtet, wir haben Vollmond, während er wieder abnimmt, wenn er sich der Sonne von der andern Seite nähert.

Danach geht der Wechsel der Lichtgestalt in folgender Weise vor sich: Bei Neumond, wenn der Mond in der Richtung der Sonne steht, ist er nicht sichtbar. Infolge seiner nach links gerichteten Bewegung steht er bald links von der Sonne, er geht also, da die tägliche Drehung nach rechts gerichtet ist, später unter als sie, wir sehen ihn am Abend nach dem Untergang der Sonne und da er von dieser Licht erhält, ist seine rechte Seite beleuchtet. Wir haben die bekannte Z-Form der Sichel. Nun wandert der Mond immer weiter nach links, geht immer später nach der Sonne unter und wird immer voller. Der Vollmond steht der Sonne gegenüber, geht infolgedessen auf, wenn die Sonne untergeht und unter, wenn sie aufgeht, er ist die ganze Nacht über, aber nie am Tag sichtbar. Wandert nun der Mond noch weiter nach links, so nähert er sich der Sonne von der anderen Seite, er steht schließlich rechts von ihr, zeigt infolgedessen die A-Form der Sichel, geht früher auf als die Sonne, ebenso auch früher unter und ist als abnehmender Mond am Morgenhimmel, aber niemals am Abendhimmel zu sehen. Man merke sich also vor allem, dass der zunehmende Mond abends, der abnehmende morgens zu sehen ist.

Es liegt nahe, beide Beobachtungsreihen, den Wechsel der Lichtgestalt des Mondes und seine Wanderung durch den Tierkreis miteinander zu verbinden und zu fragen: Wie lange Zeit braucht der Mond zu der einen wie zu der anderen Periode? Wir merken uns also genau den Standort des Mondes, am besten in der Nähe irgendeines hellen Sterns, notieren uns den Tag und halten auch seine Lichtgestalt durch eine kleine Zeichnung fest. Haben wir einiges Wetterglück, so werden wir sehen, dass der Mond nach 27 Tagen die alte Stellung beinahe erreicht, nach 28 Tagen sie um ein doppelt so großes Stück überschritten hat. Aber wir werden deutlich sehen, dass er die alte Lichtgestalt keineswegs wieder erreicht hat, dies ist vielmehr erst nach gut 30 Tagen der Fall. Der „Monat" im Sinne des Mondumlaufs ist etwa $27^{1}/_{3}$ Tage lang, der Monat im Sinne des Lichtgestaltenwechsels gut 30 Tage. Wir werden auf diesen Unterschied zurückzukommen haben.

Von den zahlreichen anderen Beobachtungen, zu denen der Mond Anlass gibt, erwähnen wir die naheliegende Frage: Beschreibt der Mond bei seinem $27^{1}/_{3}$ Tage dauernden Umlauf immer dieselbe Bahn, oder ändert sich diese? Schon der Umstand, dass wir auf keiner Sternkarte eine Mondbahn verzeichnet finden, lässt uns das Letztere vermuten. Gleichwohl wird es uns kaum gelingen, von einem zum nächsten Umlauf eine Änderung zu bemerken. Streift der Mond in unmittelbarer Nachbarschaft eines hellen Sterns vorüber, so wird das auch beim nächsten Umlauf der Fall sein, ja sogar, wenn es zu einer „Bedeckung" kommt, was beispielsweise bei Aldebaran oder Regulas oder Spica mitunter geschieht, oder wenn der Mond durch die Gruppe der Plejaden hindurch streicht, so wird das in der Regel auch beim nächsten Umlauf geschehen. Setzen wir aber unsere Beobachtung lange genug fort, so bemerken wir die Änderung, der Mond wird entweder über oder unter seiner vorigen Bahn vorüberziehen, und da dies jahrelang in der gleichen Weise weitergeht, wird der Unterschied der Bahnen recht bedeutend. Nach mehreren Jahren kehrt der Mond wieder zurück und nähert sich wieder der alten Bahn. Auf diese Weise gelangt der nach und nach in alle Teile des sich ziemlich breit dahinziehenden Tierkreisgürtels, ohne diesen jemals zu verlassen.

2.2 Die Sonne

Die Sonne bietet im Vergleich zum Mond die große Schwierigkeit, dass sie gleichzeitig mit den Sternen sichtbar ist, weil sie nicht nur durch ihr Erscheinen, sondern schon durch ihre bloße Annäherung an den Horizont in der Dämmerung die Sterne unsichtbar macht, sodass wir keine Möglichkeit eines unmittelbaren Vergleichs haben. Wir werden aber trotzdem zu fragen haben: Wo steht die

Sonne am Fixsternhimmel? Wandert sie auch durch diesen hindurch wie der Mond? Welches ist ihre Bahn und wie können wir sie ausfindig machen? Denn dass die Sterne auch am Tag am Himmel stehen, auch wenn wir sie nicht sehen können, ist selbstverständlich, sie können ja nicht plötzlich verschwunden sein. Die Astronomen haben es mit der Beantwortung dieser Frage verhältnismäßig leicht. Wir erwähnten oben, dass der ganze Fixsternhimmel durch seinen täglichen Umschwung eine mächtige Uhr darstellt, nicht nur größer und gewaltiger, sondern auch zuverlässiger und genauer, als sie uns irgendeine mechanische Uhr anzeigen kann. Denn haben wir etwa unser Fernrohr so eingestellt, dass ein bestimmter Stern in ihm zu sehen ist, so wird nach Ablauf von genau einem Tag der Stern wiederum im unverändert stehen gebliebenen Fernrohr zu sehen sein oder besser gesagt, sein Wiedererscheinen im Fernrohr zeigt den genauen Ablauf eines Tages an. Die Astronomen stellen ihre irdische Uhr nach dieser himmlischen ein und es steht ihnen frei, sie in der Nacht, wenn die Sterne sichtbar sind, genau zu überwachen und beliebig oft und genau auf Übereinstimmung mit dem himmlischen Vorbild zu prüfen. Geht sie Nacht für Nacht richtig, so ist anzunehmen, dass sie das auch am Tag tut und infolgedessen wissen die Astronomen ganz genau, auch am Tag, was die mit der irdischen übereinstimmend gehende Himmelsuhr geschlagen hat, wo ein jeder Stern steht oder umgekehrt, was für Sterne in einer bestimmten etwa durchs Fernrohr angegebenen Richtung stehen, einerlei, ob sie sichtbar sind oder nicht. Da sie so jeden Punkt des Himmels kennen, können sie sofort feststellen, in welchem Sternbild und an welcher Stelle dieses Sternbilds die Sonne steht.

Uns stehen solche Hilfsmittel nicht zur Verfügung; aber trotzdem können wir den Lauf der Sonne durch den Fixsternhimmel wenigstens ungefähr verfolgen. Dass die Sonne nicht wie ein „Fixstern" einen festen Stand haben kann, sondern durch den Sternhimmel hindurchwandert, ist von vornherein klar; denn bei festem Stand müsste sie, wie ein Fixstern, immer dieselbe Tagesbahn zurücklegen. Aber jedes Kind weiß, dass dies nicht der Fall ist, dass vielmehr ihre Tagesbahn im Sommer sehr viel größer ist, als im Winter, woher eben der Unterschied der Jahreszeiten kommt.

Wir wollen Tag für Tag nach Eintritt der Abenddämmerung, sobald es hinreichend dunkel geworden ist, den Sternhimmel beobachten. Von einem zum anderen Tag merken wir keine Änderung, bald aber wird uns auffallen, dass die im Westen stehenden Sterne bei Eintritt der Dunkelheit tiefer und tiefer stehen, sodass wir sie bald überhaupt nicht mehr sehen können, weil sie untergegangen sind. Sie stehen also unter dem Horizont. Aber eben dort muss auch die Sonne stehen, denn wir haben ihren Tageslauf verfolgt und nehmen natürlich an, dass sie nunmehr, obwohl wir sie nicht mehr sehen können, unter dem Horizont ebenso weiter wandert wie am Tag über ihm. Haben wir uns nun zu anderen Jahreszeiten den Sternhimmel so genau eingeprägt, dass wir wissen, welche Sternbilder, auf die im Westen stehenden weiter nach rechts hin folgen, oder haben wir ein paar Wochen vorher die damals im Westen noch sichtbaren Sterne gemerkt, so wissen wir, wo wir nunmehr die Sonne zu suchen haben. Wenn wir dies das ganze Jahr hindurch fortsetzen, kennen wir die Sonnenbahn.

Ein gutes Mittel zur Erforschung der Sonnenbahn bietet auch der Mond, denn wir wissen, dass seine Lichtgestalt von der Stellung zur Sonne bestimmt wird. Wir erwähnten vorher, dass, wenn der Mond einen Umlauf durch den Sternhimmel ausgeführt hat, seine alte Lichtgestalt keineswegs wieder erreicht hat, sondern dass dies erst zwei bis drei Tage später der Fall ist. Dies kann nur daran liegen, dass die Sonne inzwischen weiter gewandert ist; und da der Mond auf seiner Wanderung nach links seine Lichtgestalt später annimmt als bei seinem vorigen Umlauf, so muss die Sonne gleichfalls nach links gewandert sein. Sie wandert aber sehr viel langsamer als der Mond. Denn da der Mond nach zwei bis drei Tagen die alte Lichtgestalt wieder hat, so hat er in dieser kurzen Zeit eine etwa ebenso große Wanderung ausgeführt wie die Sonne während des ganzen Monats. Denn wenn der Abstand der beiden Himmelskörper nicht wieder der gleiche wäre wie zuerst, könnte er nicht dieselbe Lichtgestalt haben. Auf diese Weise kann man schon an der kurzen Zeit eines Monats sehen, dass der Mond etwa 12-mal so schnell durch den Fixsternhimmel wandert wie die Sonne.

Wie wir wissen, steht der Vollmond der Sonne gegenüber. Merken wir uns also die Stelle, wo zu einer bestimmten Jahreszeit der Vollmond steht, so haben wir damit auch die Stelle der Sonne, die sie ein halbes Jahr später oder früher einnimmt. Haben wir beispielsweise um den 21. Dezember herum einen Vollmond, steht er, weil er der Sonne gegenübersteht, an derselben Stelle wie im Juni die Sonne. Er wird dann zwischen den Sternbildern des Stiers und der Zwillinge stehen, dort, wo auf den alten Bildern die den Stier bedrohende Keule des Orion emporragt. Umgekehrt bezeichnet natürlich die Stellung des Vollmonds im Sommer die der Sonne im Winter zu den entsprechenden Zeitpunkten usw. Selbstverständlich beschreibt der Vollmond im Winter eine ähnlich große Tagesbahn wie die Sonne im Sommer und im Sommer eine so kurze wie die Sonne im Winter.

Indessen ist der Vollmond doch nur ein sehr ungenaues Mittel zur Auffindung des Gegenpunktes der Sonne. Denn da die Mondbahn, wie wir vorher sehen, bald durch diese, bald durch jene Gegend des Tierkreisgürtels wandert, kann es sich leicht so treffen, dass der Mond erheblich über oder unter dem Gegenpunkt der Sonne vorbeistreicht. Es gibt aber ein besseres Mittel, den Mond zur Festlegung der Sonnenbahn zu benutzen und das sind die Finsternisse, insbesondere die Mondfinsternisse, die, wie bekannt, dadurch Zustandekommen, dass der Mond in den Erdschatten gerät. Ist dies der Fall, so ist man sicher, dass Sonne, Erde und Mond oder besser der auf den Mond fallende Mittelpunkt, in einer graden Linie liegen, denn das folgt aus der gradlinigen Fortpflanzung des Lichts. Den Mittelpunkt des Erdschattens findet man leicht, auch wenn er nicht auf den Mond fällt, wegen der Kreisform, die der Schatten auf dem Mond stets zeigt. Dieser Mittelpunkt des Erdschattens ist der genaue Gegenpunkt der Sonne, und wenn man nun viele Finsternisse beobachtet und jedes Mal den Gegenpunkt der Sonne festhält, so kann man schließlich aus den erhaltenen Gegenpunkten die Sonnenbahn am Sternhimmel bestimmen. Das Ergebnis ist, dass die Sonne im Gegensatz zum Mond immer dieselbe Bahn beschreibt, die sich als Linie mitten durch den Tierkreisgürtel hindurchzieht. Diese Linie, die von der allergrößten Bedeutung ist, heißt die „Ekliptik", zu deutsch „Finsternislinie". Die Ekliptik führt mitten durch die Strecke Aldebaran — Plejaden, erreicht an ihrem höchsten Punkt die Keulenspitze des Orion oder auch den am weitesten rechts gelegenen Punkt der Fußlinie des Bildes der Zwillinge, dessen Rechteck sie halbiert. Sie führt weiter ganz dicht an Regulus und ebenso an dem tiefer liegenden der beiden Sterne der Waage vorbei, während Spica in der Jungfrau ein klein wenig und Antares im Skorpion etwas tiefer unter ihr gelegen sind.

Den Zeitraum, den die Sonne zum Durchlaufen der Ekliptik braucht, nennen wir bekanntlich ein Jahr. Wie dieser Jahreslauf der Sonne das Leben nicht nur des Menschen, sondern der ganzen Natur beherrscht, brauchen wir hier nicht zu schildern. Wir wollen nur ganz kurz seine **Wirkung auf die Sichtbarkeit der Fixsterne** erwähnen. — Gerät die Sonne auf ihrer Jahresbahn in die Nähe eines Sterns, so wird dieser natürlich unsichtbar, da er immer nur über dem Horizont weilt, wenn auch die Sonne über ihm steht oder ihm doch mindestens sehr nahe kommt, was Dämmerung zur Folge hat. Aber nun wandert die Sonne nach links, der Stern oder das Sternbild bleibt stehen, sodass er nunmehr rechts von der Sonne steht. Da die tägliche Drehung nach rechts gerichtet ist, **eilt er der Sonne voraus, er geht eher auf als sie, und wenn der Abstand von der Sonne groß genug geworden ist, wird er in der Morgendämmerung sichtbar.** Die Fixsterne tauchen also in der Morgendämmerung auf, der sich schneller als die Sonne nach links bewegende und sie demnach überholende Mond in der Abenddämmerung. Indem die Sonne weiter nach links wandert, wird der Abstand zwischen ihr und dem betrachteten Fixstern immer größer, dieser geht immer früher auf, vielleicht um Mitternacht und bald so früh, dass er auch am Abendhimmel sichtbar wird. Geht nun infolge des Weiterwanderns der Sonne der Stern noch früher auf, so ist es noch Tag. Wir sehen den Stern dann erst, wenn es dunkel geworden ist; er hat dann schon einen Teil seiner Bahn zurückgelegt, steht bei Eintritt der Dunkelheit schon mehr oder weniger hoch am Himmel, sodass wir noch den westlichen Teil seiner Tagesbahn sehen, dieser wird bei weiterem Fortgang kleiner und kleiner, bis der Stern in der Abenddämmerung verschwindet, um nach einiger Zeit in der Morgendämmerung wieder aufzutauchen. So sehen wir, dass ein Fixstern zwar Tag für Tag dieselbe Bahn am Himmel zurücklegt, die Sonne aber im Lauf des Jahres einen verschiedenen Teil dieser Bahn sichtbar, einen andern unsichtbar werden lässt. So zeigt jeder Fixstern den Einfluss des Jahreswegs der Sonne; wir können von einem jährlichen Umschwung des Fixsternhimmels sprechen.

2.3 Die Planeten

Die alte Himmelskunde kannte außer den Fixsternen 7 Wandelsterne, in der damals üblichen Reihenfolge, der entfernteste zuerst: Saturn, Jupiter, Mars, Sonne, Venus, Merkur und Mond. Welche ungeheure Rolle sie im Geistesleben der Völker spielten, erkennt man daraus, dass schon ihre Anzahl, die Siebenzahl, bei den verschiedensten Gelegenheiten hervortritt, am geläufigsten in der Zahl der Wochentage, von denen jeder seinen Namen nach einem Wandelstern führt: Der Sonntag nach der Sonne, der Montag nach dem Mond, der Dienstag (französisch mardi) nach dem Mars, der Mittwoch (mercredi) nach Merkur, Donnerstag nach Donnar oder Jupiter, Freitag nach Freia oder Venus, Sonnabend (Saturday) nach dem Saturn. Über keine andere von der Natur gestellte Frage hat das Menschengeschlecht so anhaltend nachgedacht wie über die rätselhafte Bewegung, die die Wandelsterne am Sternhimmel ausführen und die Möglichkeit ihrer Vorausberechnung. Auch heutzutage, wo ja diese Frage längst gelöst ist, ist die Verfolgung ihrer Bewegung für den Sternfreund eine dankbare Aufgabe, aber auch schon an ihrem bloßen Anblick können wir uns erfreuen.

Da Merkur bei uns nur selten zu sehen ist, handelt es sich für uns vor allem um Venus, Jupiter, Saturn und Mars. Kennen wir die Sternbilder des Tierkreises, in dem sie sich samt und sonders bewegen, so wird uns sofort ein fremder Gast, der zudem auf keiner Sternkarte verzeichnet ist, auffallen, aber auch davon abgesehen werden wir die Planeten leicht als solche erkennen können. Venus, als Morgen- und Abendstern bekannt, übertrifft so sehr alle andern Himmelslichter außer Sonne und dem Mond, dass sie nicht verwechselt werden kann und dasselbe gilt vom nächst hellen Planeten, dem Jupiter. Dazu zeigen alle Planeten ein völlig ruhiges Licht, das sich vom Funkeln und Blitzen, das die Fixsterne zeigen (allerdings nicht immer gleich stark), deutlich unterscheidet. Mars ist, wie bekannt, durch seine rötliche Farbe ausgezeichnet.

Planeten im Fernrohr zu sehen, ist stets lohnend. Alle erscheinen als Scheiben im Gegensatz zu den Fixsternen, die (leuchtende Punkte bleiben. Bei der Venus sehen wir ihre verschiedene Lichtgestalt, ganz ähnlich wie beim Mond; bei Jupiter fallen sofort die vier ihn umkreisenden Monde auf, deren Entdeckung von Galilei eine große Freude war, weil sie ihm den Beweis lieferte, dass sich Himmelskörper auch dauernd um andere Körper bewegen können, statt immer nur um die Erde, wie dies die Gegner des kopernikanischen Systems behaupteten; beim Saturn das sonderbare

Gebilde des Ringes und endlich beim Mond die hohen Mondgebirge. Hier jedoch wollen wir uns vor allem den mit bloßem Auge zu verfolgenden Besonderheiten ihrer Bewegung widmen und besprechen zunächst die sogenannten äußeren Planeten.

2.3.1 Äußere Planeten: Saturn, Jupiter, Mars

Die äußeren Planeten tauchen, wie die Fixsterne, am Morgenhimmel auf. Vergleichen wir ihre Stellung mit der von Fixsternen, so werden wir bald sehen, dass sie sich nach links bewegen, also in der Richtung auf die noch unter dem Horizont stehende Sonne zu. Da sie trotzdem immer früher vor Beginn der Morgendämmerung sichtbar werden, ihr Abstand von der Sonne also wächst, so sehen wir, dass sie sich langsamer als die Sonne nach links bewegen, sodass der Vorsprung der Sonne immer weiter wächst und da die tägliche Drehung nach rechts geht, so geht der Planet immer früher in der Nacht auf und verschiebt sich schließlich, wie man sagt, vom Morgen- auf den Abendhimmel. Haben wir Gelegenheit, Vergleiche anzustellen, so werden wir sehen, dass Mars sich am schnellsten bewegt, bei ihm dauert also die Verschiebung auf den Abendhimmel am längsten, dann folgt Jupiter und schließlich Saturn, der sich nur außerordentlich langsam nach links verschiebt, sodass die Sonne sich von ihm beinahe ebenso schnell entfernt wie von einem Fixstern. Diesen Unterschied der Bewegung eines Wandelsterns gegen den Fixsternhimmel nach links und der täglichen Bewegung des gesamten Fixsternhimmels nach rechts im Vergleich zum Horizont muss man sich natürlich immer wieder vor Augen halten, um dies zu verstehen.

Während sich nun der Planet vom Morgen- auf den Abendhimmel verschiebt, wird diese nach links gerichtete Bewegung langsamer und immer langsamer und hört schließlich ganz auf, sodass er eine Weile unverändert auf seinem Platz verharrt wie ein Fixstern. Bei Saturn, der sich ohnehin langsam bewegt, ist dieser Stillstand besonders ausgeprägt. Nunmehr aber besinnt sich der Planet eines andern, er bewegt sich in entgegengesetzter Richtung nach rechts und legt die vorige Bewegung im Tierkreis in entgegengesetzter Richtung wieder zurück. Man nennt diese merkwürdige Bewegung nach rechts „rückläufig" im Gegensatz zur überwiegenden Richtung, der Planetenbewegung, die man „rechtläufig" nennt. Da der Planet sich nun nach rechts, die Sonne nach links bewegt, so wächst der Abstand zwischen ihnen immer schneller an und bald ist der Zeitpunkt erreicht, wo sich Planet und Sonne gegenüberstehen wie Sonne und Vollmond. Man nennt dies die „Opposition" des Planeten und dies ist der Zeitpunkt, wo der Planet am hellsten erstrahlt. — Bei den mit bloßem Auge unsichtbaren „Kleinen Planeten" ist darum nicht selten die „Opposition" der einzige Zeitpunkt, wo sie überhaupt beobachtet werden können. Beim Mars ist diese Zunahme der Helligkeit bei Weitem am auffallendsten, dann folgt Jupiter und schließlich Saturn, der fast immer in gleicher Helligkeit wie ein Fixstern erster Größe leuchtet. Es fallen also drei Erscheinungen zusammen:

- die Gegenstellung des Planeten zur Sonne, die die Sichtbarkeit während der ganzen Nacht bedeutet, ...

- die rückläufige Bewegung, in deren räumliche und zeitliche Mitte die Opposition fällt und ...

- die größte Helligkeit des Planeten.

Wenn die rückläufige Bewegung zum Stillstand gekommen ist, verharrt der Planet wiederum scheinbar auf seinem Platz. Danach kehrt er wieder um und wird rechtläufig. Er flieht sozusagen vor der ihn verfolgenden Sonne her und je näher diese ihm kommt, desto kürzere Zeit ist er abends nur noch sichtbar. Bei dem schnellen Mars dauert es am längsten, bis die Sonne ihn einholt und sozusagen in ihren Strahlen verschlingt. Aber der Glanz, den er bei der Opposition gezeigt hat, ist längst verschwunden, er ist ein schwaches Sternlein geworden und fristet zuletzt nur ein kümmerliches Dasein, bis er der schnelleren Sonne zum Opfer fällt und verschwindet. Infolge seiner Schnelligkeit dauert bei ihm die besprochene Periode von recht- und rückläufiger Bewegung, der sog. „synodische Umlauf" über zwei Jahre, etwa 780 Tage, beim langsameren Jupiter etwa einen Monat und beim noch langsameren Saturn nicht ganz einen halben Monat über ein Jahr. Dieser ganze Wechsel von recht- und rückläufiger Bewegung, von hohem und schwachem Glanz und gänzlichem Verschwinden ist ganz unabhängig von der Stelle des Tierkreises, an der sich der Planet befindet und nur abhängig von seiner Stellung zur Sonne. Während also der Mond den Einfluss der Sonne nur durch seine Lichtgestalt verrät, zeigt sie der Planet durch die ganze Art seiner Bewegung. — Noch augenscheinlicher zeigt sich dies bei den inneren Planeten.

2.3.2 Innere Planeten: Venus und Merkur

Von den inneren Planeten kommt für uns fast nur Venus in Betracht. Denn schon ihr Name als Morgen- und Abendstern, der darauf hinweist, dass sie nur am Morgen und Abend, nie in der Nacht sichtbar ist, zeigt uns, dass sie immer in der Nähe der Sonne steht, beispielsweise nie in Opposition zu ihr oder auch nur in einen großen Abstand von ihr geraten kann. Wie der Mond, aber im Gegensatz zu den Fixsternen und den eben besprochenen äußeren Planeten, taucht auch Venus nach einer Periode der Unsichtbarkeit am Abendhimmel auf, aber sie ist zuerst ziemlich unsichtbar, insbesondere nur kurze Zeit sichtbar, denn von der eben untergegangenen Sonne ist der Horizont im Westen noch ziemlich hell. Nur ganz allmählich wächst ihr Licht an, ihr Abstand von der Sonne nimmt zu, weil sie sich schneller als die sie verfolgende Sonne nach links bewegt. Nun kommt die schönste Zeit des „holden Abendsterns", denn er wird nun immer eher in der Abenddämmerung und auch in immer größeren Höhen sichtbar. Merkt man sich von einem zum folgenden Tag ihren Standort, wird man sie bei noch erstaunlich hellem Himmel, lange bevor ein anderer Stern sichtbar wird, im Westen entdecken. Bald naht sich der Punkt größter „Elongation", wie man sagt, d. h. ihrer von uns aus gesehen größter Entfernung von der Sonne und damit auch ihrer längsten Sichtbarkeit. Nunmehr aber verlangsamt sich ihre Linksbewegung, kommt zum Stillstand und geht schließlich, wie wir durch Vergleich mit benachbarten Fixsternen verfolgen können, in Bewegung entgegengesetzter Richtung über, Venus wird, wie man sagt, „rückläufig". Zunächst tut das ihrem hohen Glanz noch keinen Abtrag, im Gegenteil, der oft im Kalender vermerkte Tag des „größten Glanzes" tritt später ein als der Tag „größter Elongation" oder größten Sonnenabstandes oder längster Sichtbarkeit. Nun aber geht es mit unserm Abendstern schnell bergab. Da sich die rückläufige Venus nach rechts, die Sonne, wie immer nach links bewegt, verringert sich ihr Abstand schnell, infolgedessen wird Venus in immer geringeren Höhen und für immer kürzere Zeit sichtbar und verschwindet schließlich ganz vom Abendhimmel. Aber ebenso schnell wie ihr Abstieg als

Abendstern erfolgt ihr Anstieg als Morgenstern, als der sie bald ebenso hell erstrahlt, wie noch vor kurzer Zeit als Abendstern. Wiederum erfolgt ein „Tag größten Glanzes" und ein Tag „größter Elongation" oder längster Sichtbarkeit, dann aber verringert sich die Dauer ihrer Sichtbarkeit, weil die nun wieder rechtläufig werdende, also sich wieder nach links bewegende Venus sich der Sonne nähert. Aber so schnell sie als Morgenstern auftauchte, so langsam und zögernd vollzieht sich nun der Übergang von der Morgen- zur Abendsternperiode; denn jetzt muss die wieder rechtläufig laufende Venus die Sonne einholen, während sich beide entgegenkommen, wenn Venus von ihrer Rolle als Abendstern zu der als Morgenstern übergeht.

Wenn sich zwei Wandelsterne bei ihrer Wanderung durch den Tierkreis nahekommen, so nennt man das eine „Konjunktion". Venus hat also zwei Arten von „Konjunktionen" mit der Sonne, eine schnelle beim Übergang vom Abendstern zum Morgenstern und eine langsame bei dem umgekehrten Übergang. Man nennt die erste die „untere" und die zweite die „obere" Konjunktion. Bei der „unteren" steht uns Venus näher, bei der „oberen" entfernter als die Sonne. Die Morgen- und Abendsternperiode zusammengenommen beansprucht eine Zeit von etwa 1½ Jahren. Es ist kaum nötig, darauf hinzuweisen, dass wir den jährlichen Umlauf der Sonne als nur vorgetäuscht durch den Umlauf der Erde um die Sonne annehmen und die Bewegungen der Planeten dadurch, dass auch sie die Sonne umlaufen, aber von der gleichzeitig mitbewegten Erde aus beobachtet werden, wodurch das wechselnde Spiel zustande kommt, das wir beschrieben haben. Diese Erkenntnis war der wichtigste Schritt zur Lösung des Jahrtausende alten Rätsels der Planetenbewegung. Der Ruhm, diese Lösung gefunden zu haben, wird meist dem Kopernikus zugeschrieben und es ist sicher, dass seine Verdienste sehr groß waren. Ihm allein das Verdienst der Lösung des Rätsels zuzuschreiben, würde aber nicht gerecht sein. In Wahrheit haben an jener Arbeit viele Generationen teilgenommen und hochbedeutende Forscher vieler Völker haben ihren Beitrag geliefert. Die reifen Früchte dieser sich durch viele Jahrhunderte erstreckenden Arbeit fallen uns sozusagen in den Schoß. Wir wollen uns dessen freuen, aber wir wollen darüber nicht vergessen, was die Hauptvoraussetzung für diesen Erfolg war: Eine dauernde, fleißige, opferbereite Beobachtung des Himmels.

BUCHTIPPS

Abrupte Klimaschwankungen seit 2000 Jahren
Lokale und kosmische Ursachen eines Klimawandels. Herausgeber: Sedlacek, Klaus-Dieter (Hrsg.). Innerhalb der letzten zwei Jahrtausende sind verschiedene abrupte Klimaschwankungen nachweisbar. Der fortwährende Wandel des Klimas verzeichnete allein fünf große Klimaepochen und zahlreiche ...

Allgemeine moderne Psychologie
Allgemeine moderne Psychologie Systematische Einführung in die Wissenschaft psychischer Prozesse Autor: Messer, August Man hat mit Recht drei Hauptwurzeln der Psychologie unterschieden: die praktische Menschenkenntnis, den religiösen Seelenglauben und die biologische Lebenserklärung. Psychologie als ...

Anleitung zum Roman-Schreiben
Wie man anfängt, einen Plot entwickelt und eine gute Geschichte erzählt. Autor: Wilde, Oliver J. Sie wollen einen Roman schreiben? Das ist toll! Aber begnügen Sie sich nicht damit, nur einen Roman ...

Äquivalenz von Information und Energie
Die Grundbausteine der Welt – Neuausgabe – Autor: Sedlacek, Klaus-Dieter. „Es stellt sich letztendlich heraus, dass Information ein wesentlicher Grundbaustein der Welt ist", versicherte der durch sein Quantenteleportationsexperiment bekannte Prof. Zeilinger in ...

Besseres Gedächtnis
Wie man es stärkt, trainiert und einsetzt. Autor: Atkinson, Wilhelm Walker. Viele Menschen scheinen zu glauben, dass Erinnerungen einfach kommen und nicht gefördert werden können. Aber der Trugschluss einer solchen Vorstellung wird ...

Der erdgeschichtliche Klimawandel
Den wahren Ursachen von Klimaschwankungen auf der Spur. Autor: Wilhelm Bölsche , Klaus-Dieter Sedlacek (Hrsg.). Der Klimazustand während der letzten Jahrhunderttausende ist im Wesentlichen auf den Einfluss von Sonneneinstrahlung zurückzuführen, die ...

Der verborgene Mechanismus des Weltgeschehens
Der verborgene Mechanismus des Weltgeschehens Neue Erkenntnisse über die Gestalten biotechnischer Systeme der Welt Autoren: Sedlacek, Klaus-Dieter; Francé, Raoul H. Seit Jahrtausenden ist die Menschheit bestrebt, die Welt, in der sie lebt, erkennen ...

Die geheimnisvolle Kultur der alten Kelten
Von Druiden, Fürstensitzen und der Lebensart unserer frühgeschichtlichen Vorfahren. Autor: Grupp, Georg Die Kelten zeichneten sich aus durch hohes handwerkliches Können, Handelsbeziehungen bis in den Süden Europas und tollkühnem Mut, der den ...

Die Kultur der Azteken
Mit einem Anhang Große Landesausstellung Baden-Württemberg „Azteken" im Lindenmuseum. Autor: Prescott, William. „Von dem ganzen ausgedehnten Reich, das einst die Herrschaft Spaniens in der Neuen Welt anerkannte, ist kein Teil an Wichtigkeit ...

Die Lebenskraft
Wie Enzyme, Bewusstsein und quantenbiologische Effekte das Leben regulieren Autoren: Sedlacek, Klaus-Dieter; Wrobel, Norbert Der Begründer der Quantenmechanik und Nobelpreisträger Erwin Schrödinger beschäftigte sich unter anderem mit der Frage: „Was ist Leben?" ...

Die letzten Ursachen
Das Buch der Naturerkenntnis. Hrsg.: Sedlacek, Klaus-Dieter. Die klassischen physikalischen Theorien, zum Beispiel die klassische Mechanik oder die Elektrodynamik, haben eine klare Interpretation. Den Symbolen der Theorie wie Ort, Geschwindigkeit, Kraft beziehungsweise ...

Die verborgene Ordnung des Weltsystems
Neue Erkenntnisse über die schöpferischen Kräfte der Natur. Autor: Francé, Raoul Heinrich. Wie zeigt sich die verborgene Ordnung des Weltsystems? Woher kommt die Erfindungskraft, die den Wohlstand bei uns sichert? Ist sie ...

Durchblick Chemie
Praktische Grundlagen und Einführung in die anorganische, organische und Biochemie Klaus-Dieter Sedlacek, Lassar Cohn, Walther Löb Wollen Sie in unserer modernen Welt mitreden? Dann brauchen Sie den Durchblick! Dazu gehören auch Grundkenntnisse ...

Einfach logisch denken!
Oder die Gesetze des Denkens. Autor: Atkinson, Wilhelm Walker In diesem Buch werden die Methoden und Prinzipien der korrekten Anwendung des Denkvermögens aufgezeigt, und zwar auf eine einfache und klare Weise, ohne ...

Einsteins Relativitätstheorie ganz ohne Mathematik
Spezielle und allgemeine Relativitätstheorie Paul Kirchberger , Klaus-Dieter Sedlacek (Hrsg.) Man wird nicht selten gefragt, ob man ein Schrift wisse, die in die Einsteinsche Theorie für Laien so einführen könne, dass ...

Epigenetik-Experimente
Neuvererbung oder Beweise für die Vererbung erworbener Eigenschaften? Autor: Kammerer, Paul Der Biologe Paul Kammerer wurde durch seine Aufsehen erregenden Experimente zur Epigenetik berühmt. In einer seiner Versuchsserien verwendete er zwei Arten ...

Es begann mit Feuerskraft
Das Werden des Menschen und seiner Kultur. Autor: Neumann, Carl Wilhelm . Seit Anbeginn sei-

ner Tage war der Mensch keineswegs der stolze Beherrscher der Natur, als den er sich heute mit Recht ...

Exotische Reise durch Persien
Abenteuerlicher Bericht aus einer fremdartigen Welt des 19ten Jahrhunderts. Autor: Loti, Pierre. „Wer mit mir kommen und die Zeit der Rosenblüte in Ispahan sehen will, der mache sich gefasst auf die Gefahren ...

Freizeitvergnügen Sternenhimmel mit bloßem Auge
Wie man Sternbilder auffindet ohne Instrumente. Autor: Kirchberger, Paul. Der Anblick des gestirnten Himmels ist das Größte, das uns die Natur zu bieten vermag, und kein empfängliches Gemüt kann sich seinem Eindruck ...

Geld vernünftig ausgeben
Über die richtige Art von Sparsamkeit Autor: Marden, Orison Swett Im Inhalt behandelte Punkte: – Wirtschaft ist keine Schikane, sondern das planvolle Handeln zur Befriedigung von Bedürfnissen. – Kapital ist der kleine Unterschied zwischen ...

Gestalt-Psychologie
Einführung in die neue Psychologie vom Begründer der Gestaltpsychologie Kurt Koffka , Klaus-Dieter Sedlacek (Hrsg.) Kurt Koffka hat als forschender Psychologe für dieses Buch zur Einführung in die Psychologie einen besonderen ...

Homöopathie und Praxis
Naturheilkundliche alternative Medizin für den mündigen Patienten. Autor: Voorhoeve, Jacob. Der Zweck des Buches ist es, den Leser mit der homöopathischen Heilweise näher bekannt zu machen. Unter Wahrung des wissenschaftlichen Charakters gibt ...

Im dunkelsten Afrika
Die legendäre Emin-Pascha Expedition. Autor: Stanley, Henry M. Im Sudan, der ab 1821 unter die Herrschaft der osmanischen Vizekönige von Ägypten gekommen war, brach 1881 der Mahdiaufstand aus. Nach dem Abzug der ...

Jenseits der Erscheinungen
Erkennbarkeit und Realität der Quantennatur. Autor: Schlick, Moritz. Es ist kein Zweifel, dass echte Erkenntnis der transzendenten Welt sehr wohl möglich ist. Die Wendung, zu der die Physik der letzten Jahre bzw. Jahrzehnte ...

Kleines Wörterbuch der Natur-Philosophie
1200 Begriffe, die man kennen sollte, kurz und prägnant. Herausgeber: Sedlacek, Klaus-Dieter. „Ein neues Wörterbuch der Natur-Philosophie? Wozu soll das gut sein? Schließlich gibt es doch ein riesiges, umfangreiches Internetlexikon in aller ...

Klimaänderungen und Klimaschwankungen
Ursachen, historische Fakten und kosmische Einflüsse, sowie ein Anhang „Mittelalterliche Warmzeit" Eduard Brückner, Julius Hann , Klaus-Dieter Sedlacek (Hrsg.) Größere Klimaänderung und Klimaschwankungen können nicht ohne einen tiefgehenden Einfluss auf das ...

Kultur erleben mit dem Wohnmobil in Frankreich
Vierzig kulturelle Highlights, Park- und Übernachtungsplätze sowie Navigations-Koordinaten Klaus-Dieter Sedlacek (Hrsg.) Dieser Wohnmobilführer ist anders. Er hilft uns, Kulturerlebnisse zu einem Genuss werden zu lassen. Er enthält die Beschreibung von vierzig kulturellen ...

Leben aus Quantenstaub
Leben aus Quantenstaub Elementare Information und reiner Zufall im Nichts als Bausteine einer 4-dimensionalen Quanten-Welt Autoren: Wrobel, Norbert; Sedlacek, Klaus-Dieter Obwohl bereits vor mehr als hundert Jahren die Quantenphysik Gestalt annahm, setzte sich ...

Leben in der Warmzeit der Erde
Aus den Urtagen vor dem heutigen Klimawandel Wilhelm Bölsche , Klaus-Dieter Sedlacek (Hrsg.) Der Weltklimarat schlägt Alarm. Die Lage spitzt sich zu: Die Erde erwärmt sich immer mehr. In diesem Buch geht ...

Leben nach dem Leben
Die Befreiung des Bewusstseins von den Fesseln der Zeit Klaus-Dieter Sedlacek Für uns Menschen hat die Frage nach dem zeitlichen Ende unserer Existenz eine hohe Bedeutung. Die Antwort, die der Glaube sucht, ...

Leonardo da Vinci
Seine naturwissenschaftlichen Studien und genialen Erfindungen Hermann Grothe , Klaus-Dieter Sedlacek (Hrsg.) Leonardo da Vinci versuchte, ein Phänomen zu verstehen, indem er es genau beobachtete und bis ins kleinste Detail beschrieb ...

Liebesbeziehungen und deren Störungen
Lebensführung nach den Grundsätzen der Individualpsychologie. Autor: Alfred Adler , Klaus-Dieter Sedlacek (Hrsg.). Um einen Menschen ganz kennenzulernen, ist es notwendig, ihn auch in seinen Liebesbeziehungen zu verstehen … Wir müssen ...

Massenpsychologie am Beispiel Jan Bockelsons
Geschichte eines Massenwahns mit einer Einführung von Sigmund Freud Friedrich Reck-Malleczewen , Klaus-Dieter Sedlacek (Hrsg.) Der Begriff Massenhysterie oder auch Massenwahn bezeichnet eine starke emotionale Erregung in großen Menschenmengen. Auch massenhaft ...

Meine erste Weltumsegelung
Tagebuch einer epochalen Expedition James Cook , Klaus-Dieter Sedlacek (Hrsg.) James Cook unternahm seine erste Weltumsegelung im Rahmen einer wissenschaftlichen Expedition, um den Durchgang des Planeten Venus vor der Sonnenscheibe – ...

Mit der Beagle um die Welt
Bericht meiner Forschungsreise zum Galapagos-Archipel Charles Darwin, Klaus-Dieter Sedlacek (Hrsg.) Auszug aus Darwins Reisebericht: Ich habe die Reise mit zu tief empfundenem Entzücken gemacht, als dass ich nicht jedem Naturforscher empfehlen ...

Naturphilosophie
Das Wesen von Naturgesetzen und die Erklärung des Lebens. Neubearbeitung. Autor: Schlick, Moritz. Die Naturphilosophie verhält sich zur Naturwissenschaft wie die Philosophie im Allgemeinen zur Wissenschaft überhaupt. So ist es die Aufgabe ...

Optische Täuschungen
... und Illusionen, sowie ihre Ursachen. Autor: Reuss, August von . Optische Täuschungen bzw. Illusionen können nahezu alle Aspekte des Sehens betreffen. Es gibt Illusionen aller Art, Lichtblitze, Farbreize, Tiefenillusionen, geometrische Illusionen, ...

Peking – Paris im Automobil
Die legendäre 16.000 km – Rallye 1907. Autor: Barzini, Luigi. „Gibt es jemanden, der diesen Sommer eine Fahrt per Automobil von Peking nach Paris unternehmen wird?", fragte die Pariser Zeitung Le Matin ...

Phänomen Naturgesetze
Phänomen Naturgesetze Das Geheimnis hinter den Erscheinungen der Welt Autor: Sedlacek, Klaus-Dieter Was uns an den beinahe mythischen Denkern der antiken Welt so fasziniert, ist die wundervolle, abgeschlossene Einheit ihres Weltbildes. Mit welcher ...

Psychologische Verkaufskunst
Denk- und Handlungsweisen, Vorgangsweise und Abschluss. Autor: Atkinson, Wilhelm Walker. In der Psychologie der Verkaufskunst gibt es zwei wichtige Elemente, nämlich (1) Die Psyche des Verkäufers; und (2) die Psyche des Käufers. Das zu verkaufende ...

Quantenbewusstsein
Quantenbewusstsein Natürliche Grundlagen einer Theorie des evolutiven Quantenbewusstseins Autoren: Wrobel, Norbert; Sedlacek, Klaus-Dieter Seltsam sind die physikalischen Gesetze, die unsere Welt wirklich beherrschen: Es sind die Gesetze einer makroskopischen Quantenwelt, in der alles ...

Supervereinigung
Wie aus nichts alles entsteht. Ansatz einer großen einheitlichen Feldtheorie. – Neuausgabe -. Autor: Sedlacek, Klaus-Dieter. Unter Physikern herrscht allgemein Übereinstimmung darin, dass die fundamentale Wirklichkeit unserer Welt aus Feldern besteht. Bei ...

The great god Pan / Der große Gott Pan – zweisprachig
Horror story English – German / Horror Geschichte Englisch – Deutsch. Autor: Machen, Arthur. The Great God Pan is a horror and fantasy novel by the Welsh writer Arthur Machen. Machen was ...

The nature of the physical world
The Gifford Lectures 1927 Sir Arthur Eddington, Klaus-Dieter Sedlacek (Hrsg.) In these lectures the author Eddington discusses some of the results of modern study of the physical world which give ...

The Philosophy of Physical Science
TARNER LECTURES 1938 – CAMBRIDGE Sir Arthur Eddington, Klaus-Dieter Sedlacek (Hrsg.) It is often said that there is no „philosophy of science", but only the philosophies of certain scientists. But ...

Treibhauseffekt und Klimawandel
Energiewende, ja bitte, aber nicht wegen CO_2. Von Sedlacek, Klaus-Dieter (Hrsg.) Dieses Buch dokumentiert zum Thema Klimawandel und CO_2 teils unbequeme wissenschaftliche Fakten bzw. Meldungen und die dazugehörigen Quellen. Sie sind eingeladen, ...

Unsterbliches Bewusstsein
Raumzeit-Phänomene, Beweise und Visionen – Taschenbuchausgabe Klaus-Dieter Sedlacek In diesem Buch geht es weder um Glauben noch um Esoterik, sondern um Beweise. Glaubwürdige, wissenschaftliche Beweise, die in eine Form gepackt sind, dass ...

Wege zur Physikalischen Erkenntnis
Meine wissenschaftliche Selbstbiographie, Reden und Vorträge Max Planck, Klaus-Dieter Sedlacek (Hrsg.) Diese erweiterte Neuauflage des Buchs „Wege zur physikalischen Erkenntnis" enthält neben der wissenschaftlichen Selbstbiographie folgende Vorträge: Die Einheit des physikalischen ...

Wie intelligent sind Pflanzen?
Sensationelle Einblicke in die geheime Seite des pflanzlichen Wesens Autoren: Wagner, Adolf; Sedlacek, Klaus-Dieter In diesem Buch behandeln die Autoren Fragen zum Thema Intelligenz und Bewusstsein bei Pflanzen und geben Antworten. Der ...

Wie man seinen Verstand benutzt
Und seine Willenskraft stärkt. Ein praktisches Handbuch der Psychologie. Autor: Atkinson, Wilhelm Walker. Der Mechanismus der psychischen Zustände – die geistige Maschinerie, mit deren Hilfe wir fühlen, denken und wollen – ...

Zeichnen für Einsteiger
Achtzehn Lektionen in naturalistischem Zeichnen. Autor: Furniss, Dorothy. Magst du die Malerei? Ist Zeichnen für dich interessant? Hast du einen Bleistift, eine Schachtel Kreide oder einen Malkasten? Denn wenn du auch nur ...

Internet: https://leseproben.net